AF319355

1226.
T. n. 34.

PRINCIPES

DE

LA GRAMMAIRE FRANÇAISE.

Les formalités voulues par la loi ayant été remplies, nous poursuivrons tout contrefacteur ou débitant de cet Ouvrage qui ne serait pas revêtu de nos signatures.

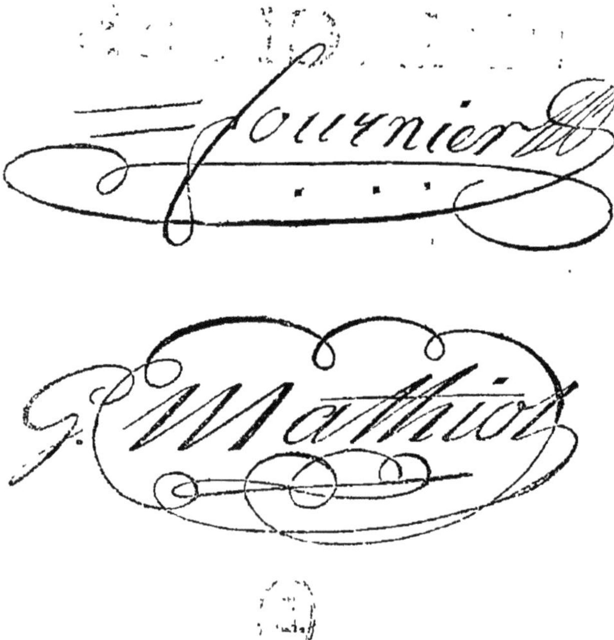

LA LANGUE FRANÇAISE

ET L'ORTHOGRAPHE

ENSEIGNÉES PAR PRINCIPES

ET EN VINGT-QUATRE LEÇONS;

ou

GRAMMAIRE FRANÇAISE,

A L'AIDE DE LAQUELLE ON PEUT SEUL, ET SANS LE SECOURS D'AUCUN MAÎTRE, APPRENDRE À PARLER ET À ÉCRIRE CORRECTEMENT CETTE LANGUE.

Ouvrage divisé en vingt-quatre chapitres ou leçons, et qui renferme des règles intéressantes sur les parties du discours, la terminaison des mots, l'emploi des doubles consonnes, et sur les Participes, qu'aucun Grammairien n'a suffisamment traités jusqu'à ce jour.

Par M. FOURNIER,

PROFESSEUR DE LANGUES FRANÇAISE, LATINE, ANGLAISE, ALLEMANDE ET ITALIENNE.

34.ᵉ ÉDITION,

REVUE ET AUGMENTÉE D'UN TRAITÉ DE SYNTAXE ET DE LOGIQUE, D'UN RECUEIL DE LOCUTIONS VICIEUSES, ET D'UNE CACOGRAPHIE.

Prix 1 franc 25 centimes.

A PARIS,

GERMAIN MATHIOT, Libraire,
rue de l'Hirondelle, n° 22, près le pont St.-Michel.
L'Auteur, rue de la Muette, n° 15, faub. St.-Antoine.

1827.

M. Fournier donne chez lui, et en ville, des leçons particulières de *Grammaire française*, d'*Orthographe*, et de langues *anglaise*, *allemande*, *italienne* et *latine*; il enseigne aussi l'*Histoire*, la *Géographie*, la *Mythologie*, l'*Arithmétique*, et tout ce qui complète l'éducation de la jeunesse.

PRÉFACE.

Jᴇ me suis spécialement attaché, dans la Grammaire que j'offre au public, à exposer d'une manière claire et précise les principes de la langue française, et à me faire comprendre des personnes même qui n'auraient pas reçu d'instruction préliminaire. Pour cet effet, je me suis abstenu d'employer les termes *scientifiques*, qui ne sont point à la portée de tout le monde.

En composant cette Grammaire, je me supposais en présence de mes élèves, et j'ai écrit comme si je leur eusse adressé la parole. D'après cette idée qui m'a été suggérée par la vue de leurs progrès rapides, j'ai divisé mon ouvrage en vingt-quatre chapitres, dont chacun doit tenir lieu d'une leçon. J'espère que les personnes qui voudront le lire avec attention, obtiendront le même avantage que mes élèves, qui parviennent en général, dans le court espace de deux ou trois mois, à parler correctement leur langue, et à écrire sans aucune faute d'orthographe.

J'ai ajouté à ma Grammaire un petit Traité des Homonymes, c'est-à-dire, des mots de notre langue dont la prononciation est la même, mais qui ont une signification différente. J'ai remarqué, dans le cours de mes leçons, que c'était principalement contre ces mots que péchaient mes élèves. C'est pourquoi je me suis fait un devoir d'en parler, et d'encadrer chacun d'eux dans des phrases propres à en indiquer la signification et l'orthographe.

Mais, me dira-t-on, toutes les Grammaires se ressemblent et se répètent. Je conviens qu'il en est ainsi pour quelques parties. Cet accord des Grammairiens, lorsqu'il se rencontre, est une preuve de la bonté des principes qui en sont l'objet ; il serait donc à désirer qu'il fût encore plus fréquent. Pour moi, je n'aspire point à être novateur. En développant les notions grammaticales avec une netteté telle qu'elles puissent devenir accessibles à toutes les classes de la société, je crois me rendre plus utile que si j'eusse composé de gros volumes, qui ne serviraient qu'à surcharger l'esprit et à obscurcir les idées.

Je me suis rapproché le plus qu'il m'a été possible du mode ancien d'enseignement, parce que j'ai remarqué qu'il était le meilleur, et qu'il l'emportait de beaucoup sur quelques systèmes nouveaux qu'on a voulu établir, et qui tous ont échoué.

F.......

PRINCIPES

DE

LA GRAMMAIRE FRANÇAISE.

CHAPITRE PREMIER.

PREMIÈRE LEÇON.

La Grammaire est l'art d'exprimer correctement ses idées, soit par l'écriture, soit par la parole.

Pour parler et pour écrire, on se sert de mots; les mots sont composés de syllabes, et les syllabes, de lettres.

Il y a deux sortes de lettres; les *voyelles* et les *consonnes*.

Les *voyelles* sont *a, e, i, o, u,* et *y.* Elles sont ainsi appelées, parce que seules, et sans le secours d'aucune autre lettre, elles forment un son, ou une *voix.*

On distingue trois sortes d'*e* : *e* muet, *é* fermé, *è* ouvert.

L'*e* muet est celui dont le son n'est guère sensible au milieu et à la fin des mots : *pomme, livre, table, promenade,* etc.

(8)

L'*é* fermé se prononce la bouche presque fermée : *vérité, sévérité, hospitalité.*

L'*è* ouvert se prononce la bouche ouverte, et en appuyant sur cette voyelle : *progrès, succès, après.*

Il y a trois *accens :* l'accent *aigu,* l'accent *grave,* et l'accent *circonflexe.*

L'accent *aigu* (é) se fait de droite à gauche, et se place sur les *é* fermés : *vérité.*

L'accent *grave* (è) se forme de gauche à droite, et se place sur les *è* ouverts : *procès.*

L'accent *circonflexe* (ê) ressemble à un *v* renversé, et se place sur les voyelles longues : *pâte, tête.*

L'*y* tient la place de deux *i.*—Ainsi les mots *pays, rayon, royaume,* se prononcent comme s'ils étaient écrits *pai-is, rai-ion, roi-iaume.*—

Il y a dix-neuf *consonnes,* qui sont : *b, c, d, f, g, h, j, k, l, m, n, p, q, r, s, t, v, x, z.* On les appelle *consonnes,* parce qu'on ne peut les pronoucer seules sans faire entendre le son d'une voyelle. Par exemple, dans *b, c, d,* l'on fait sonner la voyelle *e;* dans *k,* la voyelle *a,* et dans *q,* la voyelle *u.*

La lettre *h* est aspirée, ou muette.

L'*h* aspirée se prononce avec un effort de gosier, comme dans les mots suivans : le *héros,* la *haine.*—Les dictionnaires indiquent l'*h* aspirée par une étoile (*) placée devant le mot.

L'*h* muette ne se prononce pas du tout, comme dans les mots, l'*homme*, l'*herbe*, l'*hiver*, où l'on ne fait nullement sentir le son de l'*h*.

On distingue deux sortes de voyelles : les voyelles longues et les voyelles brèves.

Les *voyelles longues* sont marquées d'un accent circonflexe, et l'on appuie plus long-temps que sur les autres en les prononçant, comme dans les mots, *pâte*, *tête*, *gîte*, *trône*, *flûte*. —L'on écrivait anciennement *paste*, *teste*, etc.

Les *voyelles brèves* se prononcent très-brièvement, sur-tout étant suivies de deux mêmes consonnes, comme dans les mots, *patte*, *assiette*, *quitter*, *hotte*, *butte*.

L'*apostrophe* (') marque le retranchement d'une des trois voyelles *a*, *e*, *i*. On dit *l'âme*, pour *la âme* ; *l'honneur*, pour *le honneur* ; *s'il vient*, pour *si il vient*.

Le *tréma* (ë) est un signe composé de deux points que l'on met sur les voyelles *e*, *i*, *u*, pour les prononcer séparément d'une autre voyelle qui les précède : *poëte*, *haïr*, *Saül*.

La *cédille* (ç) est une petite figure qu'on met sous la lettre *c*, devant les voyelles *a*, *o*, *u*, pour lui donner le son de l'*s* : —— *garçon*, *façade*, *aperçu*.

Le *trait d'union* (-) sert à unir deux mots qui n'en forment qu'un, comme *chef-d'œuvre*, *avant-coureur*. Il se place encore à la fin des lignes, quand le mot n'est pas fini, ou entre le verbe et le pronom qui le suit, comme dans *viendrez-vous? lira-t-elle?*

DE LA PONCTUATION.

La ponctuation est l'art de marquer, en écrivant, les différentes pauses que l'on doit faire dans une phrase.

Il y a six marques de ponctuation : le *point* (.); les *deux points* (:); le *point et virgule* (;); la *virgule* (,); le *point d'interrogation* (?); et le *point d'admiration* (!).

Le *point* se place à la fin d'une phrase dont le sens est entièrement fini.

EXEMPLE :

La vertu est le plus précieux de tous les biens.

Les *deux points* se placent après une phrase qu'on pourrait regarder comme finie, si la suivante ne semblait pas y avoir rapport.

EXEMPLE :

Il ne faut jamais tromper personne : car on n'est plus digne de confiance.

Le *point et virgule* marque aussi une phrase qui n'est pas entièrement finie, parce que la suivante en fait partie.

EXEMPLE :

Vous êtes laborieux ; mais d'autres le sont davantage.

La *virgule* est la plus courte des pauses, et se place après plusieurs noms, plusieurs adjectifs et verbes qui se suivent; elle se place aussi devant les conjonctions.

EXEMPLES :

La patience, la douceur, le courage et la sincérité ornent le caractère de l'homme.

Cet enfant est doux, poli, laborieux et obéissant.

Je veux travailler, lire, écrire et étudier.

Je viendrai, quand j'aurai fini mon ouvrage.

Le *point d'interrogation* se met à la fin des phrases, quand on interroge.

EXEMPLE :

Qui a fait cela? Pourquoi venez-vous?

Le *point d'admiration* se met à la fin des phrases, quand on exprime ou l'admiration, ou l'exclamation.

EXEMPLE :

Que ce tableau est beau! Qu'il est glorieux d'être instruit!

DES PARTIES DU DISCOURS.

La langue française est composée de dix sortes de mots qu'on appelle les parties du discours; savoir : *Le Nom, l'Article, l'Adjectif, le Pronom, le Verbe, le Participe, l'Adverbe, la Préposition, la Conjonction, et l'Interjection.*

CHAPITRE II.

DEUXIÈME LEÇON.

Le Nom.

L*E* *Nom*, appelé aussi *substantif*, est un mot qui sert à nommer une personne, ou une chose.

Homme, cheval, maison, sont des *noms*, parce qu'ils servent à nommer des objets ou *substances* que l'on voit. Il y a d'autres objets que l'on n'aperçoit pas, parce qu'ils ne subsistent que dans l'idée, comme la *vertu*, la *douceur;* c'est ce qu'on appelle *nom idéal.*

Il y a deux sortes de noms : le nom *commun* et le nom *propre.*

Le nom *commun* convient à plusieurs objets semblables : *livre, table, homme,* sont des noms *communs,* parce qu'il y a plusieurs *livres,* plusieurs *tables,* etc.

Le nom *propre* ne convient qu'à une seule personne, ou à une seule chose : *Pierre, Joseph, Rome,* la *Seine,* etc.

Dans les noms communs, il faut considérer le genre et le nombre.

Il y a deux genres, le *masculin* et le *féminin;* deux nombres, le *singulier* et le *pluriel.*

Le genre est *masculin*, quand on parle d'hommes ou de mâles : — un *homme*, un *lion;* — il est féminin, quand on parle de femmes : une *femme*, une *lionne*, etc. L'on a ensuite donné par imitation le genre masculin ou féminin à des objets inanimés, comme le *livre*, le *travail*, la *chaise*, la *table*.

Le nombre *singulier* s'emploie, quand on parle d'une seule personne ou d'une seule chose, comme l'*habit*, la *robe*, une *maison;* le *pluriel*, quand on parle de plusieurs : les *habits*, les *robes*, des *maisons*.

RÈGLE GÉNÉRALE.

Sur le Pluriel.

On forme le pluriel en ajoutant une *s* à la fin du nom.

EXEMPLE :

Singulier : l'*homme*, la *table;* pluriel : les *hommes*, les *tables*.

EXCEPTIONS.

Le *fils*, le *choix*, le *nez*, et tous les noms terminés au singulier par *s, x, z*, n'ajoutent rien au pluriel : les *fils*, les *choix;* les *nez*.

Les noms terminés en *au, eu, ou*, prennent *x* au pluriel.

Singulier : le *château*, le *feu*, le *genou;* pluriel : les *châteaux*, les *feux*, les *genoux*. Il faut en excepter les mots *bleu*, *clou*, *cou*, *matou*, *sou*, *trou*, qui font au pluriel, *bleus*, *clous*, etc.

Les noms terminés au singulier en *al*, ou *ail*, font leur pluriel en *aux* : le *mal*, le *général*, le *travail*; pluriel : les *maux*, les *généraux*, les *travaux*. — Mais les mots suivans prennent une *s* au pluriel : *bal*, *carnaval*, *camail*, *détail*, *épouvantail*, *éventail*, *gouvernail*, *mail*, *poitrail*, *portail*; pluriel : les *bals*, les *détails*, etc.

ORTHOGRAPHE DES NOMS.

Tous les noms propres s'écrivent par une lettre capitale : *Pierre*, *Paul*, *Eve*, *Paris*, *la Seine*. La lettre capitale s'emploie aussi au commencement des phrases.

On écrit par *eaux*, les *tableaux*, les *couteaux*, parce qu'on dit au singulier, le *tableau*, le *couteau*; mais on écrit seulement par *aux*, *animaux*, *chevaux*, parce qu'on dit au singulier, *animal*, *cheval*.

L'on met toujours une *m* devant un *b* et un *p* : *empereur*, *embarras*, *complot*, etc.

Les noms masculins en *oir* ne prennent point d'*e* : le *miroir*, le *réservoir*; les noms féminins en prennent un : la *mâchoire*, la *mémoire*.

Il y a cependant quelques noms masculins terminés en *oire*, que l'usage apprendra, tels que : *répertoire*, *auditoire*, *territoire*, *ivoire*, etc.

Les noms en *eur* et en *our*, quoique féminins, ne prennent point d'*e* : la *douleur*, la *candeur*, la *tour*, la *cour*. Il faut en excepter la *demeure*, l'*heure*, et la *bravoure*.

Les noms féminins en *é* ne prennent qu'un *e* : la *bonté*, la *vérité*, la *fidélité* ; mais ceux qui viennent d'un verbe prennent deux *ée* : une *entrée*, une *allée*, une *assemblée*.

Les mots *soirée*, *journée*, *année*, etc., prennent également deux *ée*, parce qu'ils sont dérivés des mots *soir*, *jour*, *an*, etc.

Tous les noms qui commencent par *dé* ne prennent qu'une *f* : *défense*, *défaut* ; ceux qui commencent par *di*, en prennent deux : *différence*, *difficulté*.

Les noms masculins terminés en *el* ne prennent qu'une *l* : le *duel*, le *cartel* (le mot *modèle* fait seul exception); tous les noms féminins prennent *lle* : la *dentelle*, la *cervelle*, etc.

Les noms masculins en *ir* se terminent par une *r* : le *désir*, le *plaisir*, etc. : il faut en excepter le *navire*, le *délire*, et l'*empire*.

Les noms suivans, *repos*, *fard*, *goût*, *rang*, s'écrivent ainsi, parce qu'ils sont dérivés des verbes *reposer*, *farder*, *goûter*, *ranger*.

Quant aux noms terminés en *ance*, *ence*, *ace*, *asse*, *eça*, *esse*, *icé*, *isse*, *sion*, *tion*, *ction*, *xion*, l'on ne peut en donner des règles générales ; la lecture et le dictionnaire doivent y suppléer, parce que ces mots suivent l'orthographe latine.

On peut cependant remarquer que la plupart des noms qui dérivent des verbes s'écrivent par *ance*, tels que *vengeance, abondance, croissance;* qui viennent des verbes *venger, abonder, croître.*

Les mots en *tion*, précédés d'une voyelle ou de la consonne *n*, s'écrivent presque tous par un *t*, tels que *agitation, discrétion, condition, motion, substitution, attention, convention*, etc. (Les mots *pension, passion, appréhension* et *dimension* font exception à cette règle.)

CHAPITRE III.

TROISIÈME LEÇON.

L'Article.

L'ARTICLE est un petit mot qui précède les noms communs, et qui en fait distinguer le genre et le nombre.

Cet article est (*le*) pour le masculin singulier, *le frère;* (*la*) pour le féminin singulier, *la sœur;* (*les*) pour tous les noms pluriels tant masculins que féminins, *les frères, les sœurs.*

Quand le nom qui suit l'article commence par une voyelle ou une *h* muette, on retranche *e* dans *le*, *a* dans *la*, et à la place de la lettre retranchée l'on met une apostrophe : ainsi l'on dit *l'honneur*, *l'espérance*, pour *le honneur*, *la espérance*.

Du, *au*, *des*, *aux*, sont des articles, parce qu'ils sont mis pour *de le*, *à le*, *de les*, *à les*, lorsque les mots qui suivent commencent par une consonne ou une *h* aspirée.

Ainsi l'on dit : le château *du* prince, pour *de le* prince ; travailler *au* bien public, pour *à le* bien public ; le courage *des* Français, pour *de les* Français ; donner de l'argent *aux* pauvres, pour *à les* pauvres.

Un, *une*, sont aussi des articles indéfinis qui font au pluriel *des*.

Il faut bien prendre garde aux articles pluriels *les*, *des*, *aux*, parce que les mots qui les suivent, doivent toujours être mis au pluriel : *les tables*, *des miroirs*, *aux bonnes nouvelles*, etc.

§. La langue française ne reconnaît point de cas, parce que les noms n'y changent pas de terminaison comme en latin. L'on peut cependant faire la comparaison suivante.

EXEMPLES :

Le père aime. (*Le père* est au *nominatif*, parce qu'il est avant le verbe *aimer*.)

J'aime le père. (*Le père* est à *l'accusatif*, parce qu'il est après le verbe *aimer*.)

2.

Le livre du père. (*Du père* est au *génitif*, parce qu'il est après un nom.)

Je suis aimé du père ou par le père. (*Du père* est à *l'ablatif*, parce qu'il est après un verbe *passif*, et qu'il répond à la question *de qui* ou *par qui.*)

Donnez ce livre au père et à la mère. (*Au père et à la mère* sont au *datif*, parce qu'ils répondent à la question *à qui?*)

O mon père! O mes enfans! sont au *vocatif*, parce qu'on adresse la parole.

Voilà ce que l'on peut dire à l'égard des six cas qu'on appelle en latin : *nominatif, génitif, datif, accusatif, vocatif,* et *ablatif.*

~~~~~~

CHAPITRE IV.

QUATRIÈME LEÇON.

L'Adjectif.

L'ADJECTIF est un mot que l'on joint au nom pour le qualifier. Quand on dit, un *bon* père, une *tendre* mère, les mots *bon, tendre,* sont des adjectifs, parce qu'ils marquent la qualité des noms *père* et *mère.*

On connaît un adjectif, quand on peut y ajouter les mots *personne* ou *chose.* Ainsi, *grand,*
~~~~~~

petit, *honorable*, *glorieux*, sont des adjectifs, parce qu'on peut dire une personne *grande*, *petite*, une chose *honorable*, ou *glorieuse*.

Les adjectifs ont aussi les deux genres et les deux nombres.

RÈGLE GÉNÉRALE.

Pour former le féminin dans les adjectifs, on y ajoute un *e* muet.

EXEMPLES.

Grand, *petit*, *savant*, *gai*; féminin : *grande*, *petite*, *savante*, *gaie*.

EXCEPTIONS.

1°. Les adjectifs qui finissent au masculin par un *e* muet, n'ajoutent rien au féminin : *noble*, *estimable*, font aussi au féminin, *noble*, *estimable*.

2°. Les adjectifs terminés au masculin en *el*, *eil*, *en*, *on*, *et*, *ot*, *ul*, ou par une *s*, doublent au féminin leur dernière consonne, en y ajoutant un *e*.

EXEMPLES :

Essentiel, *pareil*, *ancien*, *bon*, *net*, *sot*, *nul*, *épais*; féminin : *essentielle*, *pareille*, *ancienne*, *bonne*, *nette*, *sotte*, *nulle*, *épaisse*.

3°. Les adjectifs terminés en *f* changent cette

lettre en *ve* : *bref*, *vif*, *neuf*, font au féminin : *brève*, *vive*, *nenve*.

4°. *Long* fait *longue*; *malin*, *bénin*, font *maligne*, *bénigne*; *public*, *publique*; *caduc*, *caduque*.

5°. *Beau*, *nouveau*, *fou*, *mou*, *vieux*, devant un nom masculin qui commence par une voyelle ou une *h* muette, se changent en *bel*, *nouvel*, *fol*, *mol*, *vieil*, comme *bel habit*, *nouvel ordre*; ils font au féminin, *belle*, *nouvelle*, *folle*, *molle*, *vieille*.

6°. Les mots terminés en *eur*, comme *chanteur*, *danseur*, *parleur*, qui viennent des verbes *chanter*, *danser*, *parler*, font leur féminin en *euse*, *chanteuse*, *danseuse*, *parleuse*.

Les autres mots, terminés en *teur*, changent pour le féminin *teur* en *trice*. *Acteur*, *lecteur*, *tuteur*, font au féminin *actrice*, *lectrice*, *tutrice*, etc.

Auteur et *amateur* n'ont pas de féminin : on dit, une femme *auteur* ou *amateur*.

7°. Les adjectifs terminés en *x* changent au féminin cette lettre en *se*; *heureux*, *jaloux*, font au féminin *heureuse*, *jalouse*; il faut en excepter *doux*, *roux* et *faux*, dont le féminin est *douce*, *rousse*, *fausse*.

RÈGLE SUR LE PLURIEL.

Le pluriel des adjectifs se forme en y ajoutant une *s*.

Un homme *savant*, une femme *douce*; pluriel:
des hommes *savans*, des femmes *douces*.

Quelques adjectifs terminés en *al* n'ont pas de
pluriel masculin; tels sont : *fatal, filial, final,
frugal, naval, pastoral, pectoral, vénal*. Il ne
faut pas dire : des combats *fataux*, des repas *fru-
gaux*; mais, des combats *funestes*, des repas où
règne la frugalité.

ACCORD DES ADJECTIFS.

L'adjectif doit toujours s'accorder en genre et
en nombre avec le nom auquel il se rapporte :
ainsi l'on dit, en parlant au singulier masculin :
le *bon père*; féminin : *la bonne mère*; pluriel
masculin : les *bons pères*; pluriel féminin : les
bonnes mères (1).

Quand l'adjectif se rapporte à deux noms,
dont l'un est masculin et l'autre féminin, il se met
toujours au masculin.

Mon frère et ma sœur sont joyeux, et non
pas *joyeuses*.

Si l'adjectif suit immédiatement deux noms,
il s'accorde avec le dernier.

---

(1) Il faut dire : Cette personne a l'air *doux*, et non pas
douce, parce que le mot *air*, auquel l'adjectif *doux* se rapporte,
est du genre masculin.

EXEMPLES :

Cet enfant travaille avec un zèle et une activité *surprenante*. — Marcher les pieds et la tête *nue*.

DEGRÉS DE SIGNIFICATION.

Il y a dans les adjectifs trois degrés de signification : le *positif*, le *comparatif* et le *superlatif*.

Le *positif* exprime simplement la qualité, et n'est autre chose que l'adjectif, comme *bon*, *précieux*.

Le *comparatif* sert à comparer, et indique par conséquent la *supériorité*, l'*infériorité* ou l'*égalité* : — *plus savant*, *moins savant*, *aussi savant que*.

Le *superlatif* exprime la qualité au suprême degré, comme un homme *très-savant*, *bien habile*, *fort adroit*, c'est alors un *superlatif absolu*; mais quand on dit, *le plus savant*, *le plus habile* de tous les hommes, c'est un *superlatif relatif*.

NOMS DE NOMBRE.

Les noms de nombre sont des mots qui servent à compter : ils sont ou *cardinaux*, ou *ordinaux*.

Les noms de nombre *cardinaux* marquent la quantité : —*un*, *deux*, *trois*, *quatre*, *cinq*, *six*, *sept*, *huit*, *neuf*, *dix*, *vingt*, *trente*, *quarante*, *cinquante*, *soixante*, *cent*, *mille*, etc.

Les noms de nombre *ordinaux* marquent l'ordre, et se forment des *cardinaux*, en ajoutant *ième* : — *deuxième, troisième, quatrième, cinquième, sixième, septième, huitième, centième, millième,* etc.

Il y a encore des noms de nombre *collectifs* et des *partitifs*.

Les noms de nombre *collectifs* marquent une certaine quantité d'objets réunis sous une seule dénomination : — une *dixaine,* une *douzaine,* une *vingtaine*.

Les *partitifs* marquent la partie d'un tout, comme, un *tiers,* un *quart,* une *moitié,* etc.

CHAPITRE V.

CINQUIÈME LEÇON.

Le Pronom.

LE *pronom* est un mot qui tient la place du nom, et qui sert à en éviter la répétition. — Quand on dit : Cet enfant est sage, je *lui* accorderai une récompense ; le mot LUI est un pronom, parce qu'il tient la place de *cet enfant*.

Il y a six sortes de pronoms : les pronoms *personnels, démonstratifs, possessifs, relatifs, interrogatifs* et *indéfinis*.

PRONOMS PERSONNELS.

Les pronoms *personnels* tiennent la place des personnes.

Je, me, moi, indiquent la première personne du singulier; *nous,* le pluriel.

Tu, te, toi, indiquent la seconde personne du singulier; *vous,* le pluriel.

Il, elle, lui, se, soi, indiquent la troisième personne du singulier; *ils, elles, eux, leur, se, soi,* marquent le pluriel.

Le, la, les, qui sont des articles, deviennent pronoms de la troisième personne, quand ils sont placés devant un verbe, comme, je LE *respecte,* je LA *vois,* je LES *aime;* c'est-à-dire, je respecte *lui,* je vois *elle,* j'aime *eux.*

ACCORD DES PRONOMS.

Le pronom s'accorde toujours en genre et en nombre avec le nom dont il tient la place; ainsi, en parlant d'un homme, il faut dire, IL *est savant;* en parlant d'une femme, ELLE *est savante;* au pluriel masculin, ILS *sont savans;* au pluriel féminin, ELLES *sont savantes.*

PRONOMS DÉMONSTRATIFS.

Les pronoms *démonstratifs* servent à indiquer un objet. Quand on dit : CE *livre est petit,* CETTE *table est ronde,* l'on montre un livre ou une table.

Voici les pronoms *démonstratifs* : — *ceci, cela ; cet, cette* ; pluriel : *ces* ; — *celui, celle* ; pluriel : *ceux, celles* : — *celui-ci, celle-ci, celui-là, celle-là* ; pluriel : *ceux-ci, celles-ci, ceux-là, celles-là.*

Ce se met devant un nom singulier masculin, qui commence par une consonne ou une *h* aspirée ; CE *livre*, CE *héros.* — *Cet* se met devant une voyelle ou une *h* muette ; CET *enfant*, CET *homme.*

Ceci, celui-ci, celle-ci, désignent des objets proches ; *cela, celui-là, celle-là*, marquent des objets éloignés.

EXEMPLE :

Je ne veux pas *ce livre-ci*, donnez-moi *celui-là.*

PRONOMS POSSESSIFS.

Ces pronoms sont ainsi appelés, parce qu'ils marquent la possession d'un objet ; ils sont toujours joints à un nom. — MON *habit*, VOTRE *table*, c'est-à-dire, l'*habit* que je possède, la *table* qui vous appartient.

Les pronoms possessifs sont : *mon, ma, mes ; ton, ta, tes ; son, sa, ses ; notre, votre, leur* ; pluriel : *nos, vos, leurs.*

Pour rendre la prononciation plus agréable, et ne pas choquer l'oreille, l'on emploie les pronoms masculins *mon, ton, son*, devant un nom féminin qui commence par une voyelle ou une *h* muette. Ainsi l'on dit : MON *épouse*, TON *âme*, SON *humeur*, èt non pas, *ma épouse, ta âme, sa humeur*.

Il y a d'autres pronoms possessifs qui ne se joignent jamais à un nom; ce sont : *le mien, le tien, le sien;* féminin : *la mienne, la tienne, la sienne;* pluriel masculin : *les miens, les tiens, les siens;* féminin : *les miennes, les tiennes, les siennes :* — *le nôtre, le vôtre, le leur;* pluriel : *les nôtres, les vôtres, les leurs.*

PRONOMS RELATIFS.

Les pronoms *relatifs* sont ceux qui ont rapport au nom qui les précède. Tels sont les pronoms *qui, que, dont, duquel, auquel, lequel, laquelle, lesquels, y, en.* — Quand on dit : *l'homme* QUI *travaille, la leçon* QUE *j'ai apprise; qui* et *que* sont des pronoms relatifs, parce qu'ils se rapportent à *homme* et à *leçon.*

Le mot qui précède le pronom s'appelle *antécédent.*

PRONOMS INTERROGATIFS.

Qui, que, quel, quoi? sont aussi des pronoms interrogatifs, quand ils servent à interroger, et qu'on peut les tourner par *quelle personne,* ou *quelle chose?* — Dans ces deux exemples-ci : *Qui est venu?* QUE *demandez-vous? qui* et *que* sont des pronoms interrogatifs, parce qu'on peut dire, *quelle personne* est venue? *quelle chose* demandez-vous?

PRONOMS INDÉFINIS.

On appelle pronoms *indéfinis* ceux qui ont une signification générale et indéterminée, comme *on, quelqu'un.*

EXEMPLES :

On *vous écoute;* QUELQU'UN *vous demande.*

Ces mots *on, quelqu'un,* tiennent la place d'une personne, mais que l'on ne détermine et ne définit pas.

Les pronoms indéfinis sont : *on, quelqu'un, chacun, quiconque, autrui, personne, rien, quelque, chaque, certain, nul, aucun, l'un, l'autre, même, tel, tout, plusieurs.*

OBSERVATIONS

Sur les pronoms quelque, tout, le, en, personne.

Le pronom *quelque,* placé devant un nom, s'accorde en nombre avec ce nom.

EXEMPLES :

Lisez-moi QUELQUE *chose;* savez-vous QUELQUES *nouvelles intéressantes?*

Quelque, devant un adjectif, reste toujours au singulier.

EXEMPLES.

QUELQUE *prudent qu'il soit;* QUELQUE *riches que nous soyons.*

Quelque devant un verbe fait deux mots, et *quel* s'accorde en genre et en nombre avec le nom qui suit le verbe.

EXEMPLES :

QUELLE QUE *soit votre richesse;* QUELS QUE *soient vos moyens;* QUELLES QUE *puissent être vos facultés.*

Le pronom *tout*, signifiant *quelque*, reste au masculin singulier devant tous les adjectifs.

EXEMPLES :

Ces enfans, TOUT INSTRUITS, TOUT SAVANS *qu'ils sont, n'ont pas atteint à la perfection.*

Ces nouvelles, TOUT-AGRÉABLES *qu'elles sont, ne me plaisent pas.*

Mais si l'adjectif est féminin, et commence par une consonne, le pronom *tout* s'accorde en genre et en nombre avec cet adjectif.

EXEMPLES :

Cette histoire, TOUTE JOLIE *qu'elle est, m'a déplu.*

Ces personnes, TOUTES RAISONNABLES *qu'elles sont, ne laissent pas de commettre plusieurs fautes.*

Le pronom *le*, tenant la place d'un adjectif,

reste toujours au singulier masculin. Si l'on demande à une dame : *Madame, êtes-vous laborieuse?* il faut qu'elle réponde : *je* LE *suis*, et non pas, *je* LA *suis.*

Le pronom *personne* est toujours masculin. Il faut donc qu'une femme dise : *Personne n'est plus* CONTENT *que moi*, et non pas, *contente.*

Le pronom *en* doit toujours être placé devant le verbe. Ainsi dites : *je m'*EN *suis allé, tu t'*EN *es allé, il s'*EN *est allé*, et non pas, *je me suis* EN *allé*, etc.

Il ne faut jamais dire : *je m'en rappelle*, mais, *je me* LE *rappelle*, parce qu'on dit, *se rappeler quelque chose*, et non pas, *de quelque chose.*

CHAPITRE VI.

SIXIÈME LEÇON.

Le Verbe.

LE *Verbe* est un mot qui sert à exprimer ce que l'on est, ou ce que l'on fait. Quand on dit : *je* SUIS *content, je* LIS *un livre;* les mots SUIS, LIS, sont des verbes, parce qu'ils indiquent l'action que l'on fait.

On connaît un verbe, quand on peut y ajouter

les pronoms personnels *je, tu, il,* ou *elle ; nous, vous, ils* ou *elles.* Ainsi, *chanter* est un verbe, parce qu'on peut le conjuguer, et dire : je *chante,* tu *chantes,* il *chante,* nous *chantons,* vous *chantez,* ils *chantent.*

Conjuguer un verbe, c'est le réciter avec toutes ses personnes, ses nombres, ses temps et ses modes.

Il y a trois personnes dans les verbes.

Les pronoms *je, nous,* marquent la première personne, c'est-à-dire, celle qui parle d'elle même; comme, *j'aime, nous aimons.*

Tu, vous, marquent la seconde personne, celle à qui l'on parle : *tu aimes, vous aimez.*

Il, elle, ils, elles, marquent la troisième personne, celle de qui l'on parle : *il* ou *elle aime, ils* ou *elles aiment.*

Tout nom placé devant un verbe indique également la troisième personne; *l'enfant joue, les ouvriers travaillent.*

Il y a aussi deux nombres dans les verbes, le *singulier* et le *pluriel.*

Le *singulier,* quand on parle d'une seule personne; comme, *je lis, votre frère travaille;* le *pluriel,* quand on parle de plusieurs : *nous lisons, vos frères travaillent.*

Il y a trois temps dans les verbes : le *présent,* le *passé* et le *futur.*

Le *présent* marque que l'action existe ou se

fait dans le moment qu'on en parle ; comme, *j'écris*.

Le *passé* marque que l'action a été faite ; *j'ai écrit*.

Le *futur* marque que l'action se fera ; *j'écrirai*.

On distingue cinq sortes de passés : l'*imparfait*, *j'aimais* ; le *passé défini*, *j'aimai* ; le *passé indéfini*, *j'ai aimé* ; le *passé antérieur*, *j'eus aimé* ; le *plus-que-parfait*, *j'avais aimé*.

On distingue aussi deux *futurs* : le *futur simple*, *j'aimerai* ; et le *futur antérieur* ou *passé*, *j'aurai aimé*.

Il y a cinq modes ou différentes manières d'employer le verbe. Ce sont : l'*indicatif*, le *conditionnel*, l'*impératif*, le *subjonctif* et l'*infinitif*.

L'*indicatif* affirme que la chose est, a été, ou qu'elle sera, comme, *j'écris, j'ai écrit, j'écrirai*.

Le *conditionnel* exprime une condition : je *travaillerais* bien, *si* je n'étais pas malade.

L'*impératif* marque le commandement : *venez* ici, *allez* là.

Le *subjonctif* marque le doute, la crainte, le désir, la volonté, ou la nécessité.

Je *doute*, je *crains* que votre frère ne *vienne*. — Je *désire*, je *veux* que vous *m'obéissiez* ; — il *faut* que vous *lisiez*.

L'*infinitif* exprime l'état ou l'action en général, et ne prend ni nombres, ni personnes ;

comme, *aimer, écrire.* —— Cet *infinitif* est ordinairement précédé d'un autre verbe, ou d'une préposition.

Il *faut étudier.* —— Nous *devons travailler.* —— Je viens *de manger.* ——Je lis *pour me désennuyer.* —— Je suis prêt *à exécuter* vos ordres.

Il y a dans les verbes français quatre conjugaisons différentes, que l'on distingue par la terminaison de l'infinitif.

La première conjugaison a l'infinitif terminé en ER, comme *aimer;* la deuxième, en IR, comme *finir;* la troisième, en OIR, comme *recevoir;* et la quatrième, en RE, comme *rendre.*

Il y a aussi dans notre langue deux verbes que l'on nomme *auxiliaires,* parce qu'ils servent à conjuguer tous les autres. Ce sont les verbes *avoir* et *être.*

On va d'abord les conjuguer, et donner ensuite le modèle des quatre autres conjugaisons de verbes.

CHAPITRE VII.

SEPTIÈME LEÇON.

VERBE AUXILIAIRE AVOIR.

INDICATIF

PRÉSENT.

J'ai.
Tu as.
Il *ou* elle a.
Nous avons.
Vous avez.
Ils *ou* elles ont.

IMPARFAIT.

J'avais.
Tu avais.
Il avait.
Nous avions.
Vous aviez.
Ils avaient.

PASSÉ DÉFINI.

J'eus.
Tu eus.
Il eut.
Nous eûmes.
Vous eûtes.
Ils eurent.

PASSÉ INDÉFINI.

J'ai eu.
Tu as eu.
Il a eu.
Nous avons eu.
Vous avez eu.
Ils ont eu.

PASSÉ ANTÉRIEUR.

J'eus eu.
Tu eus eu.
Il eut eu.
Nous eûmes eu.
Vous eûtes eu.
Ils eurent eu.

PLUS-QUE-PARFAIT.

J'avais eu.
Tu avais eu.
Il avait eu.
Nous avions eu.
Vous aviez eu.
Ils avaient eu.

FUTUR.

J'aurai.
Tu auras
Il aura.
Nous aurons.
Vous aurez.
Ils auront.

FUTUR ANTÉRIEUR.

J'aurai eu.
Tu auras eu.
Il aura eu.
Nous aurons eu.
Vous aurez eu.
Ils auront eu.

CONDITIONNEL.

PRÉSENT.

J'aurais.
Tu aurais.
Il aurait.
Nous aurions.
Vous auriez.
Ils auraient.

CONDITIONNEL PASSÉ.

J'aurais eu.
Tu aurais eu.
Il aurait eu.
Nous aurions eu.
Vous auriez eu.
Ils auraient eu.

IMPÉRATIF.

Point de première personne.

Aye.
Qu'il ait.
Ayons.
Ayez.
Qu'ils aient.

SUBJONCTIF.

PRÉSENT OU FUTUR.

Il faut ou il faudra

Que j'aye.
Que tu ayes.
Qu'il ait.
Que nous ayons.
Que vous ayez.
Qu'ils aient.

IMPARFAIT.

Il fallait, il fallut, il faudrait
Que j'eusse.
Que tu eusses.
Qu'il eût.
Que nous eussions.
Que vous eussiez.
Qu'ils eussent.

PASSÉ.

Il a fallu
Que j'aye eu.
Que tu ayes eu.
Qu'il ait eu.
Que nous ayons eu.
Que vous ayez eu.
Qu'ils aient eu.

PLUS-QUE-PARFAIT.

Il aurait fallu
Que j'eusse eu.
Que tu eusses eu.
Qu'il eût eu.
Que nous eussions eu.
Que vous eussiez eu.
Qu'ils eussent eu.

INFINITIF.

PRÉSENT.

Avoir.

PASSÉ.

Avoir eu.

PARTICIPE-PRÉSENT.

Ayant.

PARTICIPE PASSÉ ACTIF.

Ayant eu.

PARTICIPE PASSÉ PASSIF.

Eu, eue.

VERBE AUXILIAIRE ÊTRE.

INDICATIF.

PRÉSENT.

Je suis.
Tu es.
Il est.
Nous sommes.
Vous êtes.
Ils sont.

IMPARFAIT.

J'étais.
Tu étais.
Il était.
Nous étions.
Vous étiez.
Ils étaient.

PASSÉ DÉFINI.

Je fus.
Tu fus.
Il fut.
Nous fûmes.
Vous fûtes.
Ils furent.

PASSÉ INDÉFINI.

J'ai été.
Tu as été.
Il a été.
Nous avons été.
Vous avez été.
Ils ont été.

PASSÉ ANTÉRIEUR.

J'eus été.
Tu eus été.
Il eut été.

Nous eûmes été.
Vous eûtes été.
Ils eurent été.

PLUS-QUE-PARFAIT.

J'avais été.
Tu avais été.
Il avait été.
Nous avions été.
Vous aviez été.
Ils avaient été.

FUTUR

Je serai.
Tu seras.
Il sera.
Nous serons.
Vous serez.
Ils seront.

FUTUR ANTÉRIEUR.

J'aurai été.
Tu auras été.
Il aura été.
Nous aurons été.
Vous aurez été.
Ils auront été.

CONDITIONNEL.

PRÉSENT.

Je serais.
Tu serais.
Il serait.
Nous serions.
Vous seriez.
Ils seraient.

CONDITIONNEL PASSÉ.

J'aurais été.

Tu aurais été.

Il aurait été.

Nous aurions été.

Vous auriez été.

Ils auraient été.

IMPÉRATIF.

Point de première personne.

Sois.

Qu'il soit.

Soyons.

Soyez.

Qu'ils soient.

SUBJONCTIF.

PRÉSENT OU FUTUR.

Que je sois.

Que tu sois.

Qu'il soit.

Que nous soyons.

Que vous soyez.

Qu'ils soient.

IMPARFAIT.

Que je fusse.

Que tu fusses.

Qu'il fût.

Que nous fussions.

Que vous fussiez.

Qu'ils fussent.

PASSÉ.

Que j'aye été.

Que tu ayes été.

Qu'il ait été.

Que nous ayons été.

Que vous ayez été.

Qu'ils aient été.

PLUS-QUE-PARFAIT.

Que j'eusse été.

Que tu eusses été.

Qu'il eût été.

Que nous eussions été.

Que vous eussiez été.

Qu'ils eussent ete.

INFINITIF.

PRÉSENT.

Être.

PASSÉ.

Avoir été.

PARTICIPE PRÉSENT.

Étant.

PARTICIPE PASSÉ.

Été, ayant été.

CHAPITRE VIII.

HUITIÈME LEÇON.

VERBES RÉGULIERS.

PREMIÈRE CONJUGAISON.

Ainsi se conjuguent tous les verbes terminés en ER, comme *aimer, danser, parler,* etc.

INDICATIF.

PRÉSENT.

J'aime.
Tu aimes.
Il aime.
Nous aimons.
Vous aimez.
Ils aiment.

IMPARFAIT.

J'aimais.
Tu aimais.
Il aimait.
Nous aimions.
Vous aimiez.
Ils aimaient.

PASSÉ DÉFINI.

J'aimai.
Tu aimas.
Il aima.
Nous aimâmes.
Vous aimâtes.
Ils aimèrent.

PASSÉ INDÉFINI.

J'ai aimé.
Tu as aimé.
Il a aimé.

Nous avons aimé.
Vous avez aimé.
Ils ont aimé.

PASSÉ ANTÉRIEUR.

J'eus aimé.
Tu eus aimé.
Il eut aimé.
Nous eûmes aimé.
Vous eûtes aimé.
Ils eurent aimé.

PLUS-QUE-PARFAIT.

J'avais aimé.
Tu avais aimé.
Il avait aimé.
Nous avions aimé.
Vous aviez aimé.
Ils avaient aimé.

FUTUR.

J'aimerai.
Tu aimeras.
Il aimera.
Nous aimerons.
Vous aimerez.
Ils aimeront.

FUTUR ANTÉRIEUR.

J'aurai aimé.
Tu auras aimé.
Il aura aimé.
Nous aurons aimé.
Vous aurez aimé.
Ils auront aimé.

CONDITIONNEL.

PRÉSENT.

J'aimerais.
Tu aimerais.
Il aimerait.
Nous aimerions.
Vous aimeriez.
Ils aimeraient.

CONDITIONNEL PASSÉ.

J'aurais aimé.
Tu aurais aimé.
Il aurait aimé.
Nous aurions aimé.
Vous auriez aimé.
Ils auraient aimé.

IMPÉRATIF.

Aime.
Qu'il aime.
Aimons.
Aimez.
Qu'ils aiment.

SUBJONCTIF.

PRÉSENT ou FUTUR.

Que j'aime.
Que tu aimes.
Qu'il aime.
Que nous aimions.
Que vous aimiez.
Qu'ils aiment.

IMPARFAIT.

Que j'aimasse.
Que tu aimasses.
Qu'il aimât.
Que nous aimassions.
Que vous aimassiez.
Qu'ils aimassent.

PASSÉ.

Que j'aye aimé.
Que tu ayes aimé.
Qu'il ait aimé.
Que nous ayons aimé.
Que vous ayez aimé.
Qu'ils aient aimé.

PLUS-QUE-PARFAIT

Que j'eusse aimé.
Que tu eusses aimé.
Qu'il eût aimé.
Que nous eussions aimé.
Que vous eussiez aimé.
Qu'ils eussent aimé.

INFINITIF.

PRÉSENT.

Aimer.

PASSÉ.

Avoir aimé.

PARTICIPE PRÉSENT.

Aimant.

PARTICIPE PASSÉ ACTIF.

Ayant aimé.

PARTICIPE PASSÉ PASSIF.

Aimé, aimée.

DEUXIÈME CONJUGAISON.

Ainsi se conjuguent tous les verbes dont l'infinitif se termine en IR, comme *finir, avertir, punir,* etc.

INDICATIF.	PASSÉ ANTÉRIEUR.
PRÉSENT.	J'eus fini.
Je finis.	Tu eus fini.
Tu finis.	Il eut fini.
Il finit.	Nous eûmes fini.
Nous finissons.	Vous eûtes fini.
Vous finissez.	Ils eurent fini.
Ils finissent.	**PLUS-QUE-PARFAIT.**
IMPARFAIT.	J'avais fini.
Je finissais.	Tu avais fini
Tu finissais.	Il avait fini.
Il finissait.	Nous avions fini.
Nous finissions.	Vous aviez fini.
Vous finissiez.	Ils avaient fini.
Ils finissaient.	**FUTUR.**
PASSÉ DÉFINI.	Je finirai.
Je finis.	Tu finiras.
Tu finis.	Il finira.
Il finit.	Nous finirons.
Nous finîmes.	Vous finirez.
Vous finîtes.	Ils finiront.
Ils finirent.	**FUTUR ANTÉRIEUR.**
PASSÉ INDÉFINI.	J'aurai fini.
J'ai fini.	Tu auras fini.
Tu as fini.	Il aura fini.
Il a fini.	Nous aurons fini.
Nous avons fini.	Vous aurez fini.
Vous avez fini.	Ils auront fini.
Ils ont fini.	

CONDITIONNEL.

PRÉSENT.

Je finirais.
Tu finirais.
Il finirait.
Nous finirions.
Vous finiriez.
Ils finiraient.

CONDITIONNEL PASSÉ.

J'aurais fini.
Tu aurais fini.
Il aurait fini.
Nous aurions fini.
Vous auriez fini.
Ils auraient fini.

IMPÉRATIF.

Finis.
Qu'il finisse.
Finissons.
Finissez.
Qu'ils finissent.

SUBJONCTIF.

PRÉSENT ou FUTUR.

Que je finisse.
Que tu finisses.
Qu'il finisse.
Que nous finissions.
Que vous finissiez.
Qu'ils finissent.

IMPARFAIT.

Que je finisse.
Que tu finisses.
Qu'il finît.

Que nous finissions.
Que vous finissiez.
Qu'ils finissent.

PASSÉ.

Que j'aye fini.
Que tu ayes fini.
Qu'il ait fini.
Que nous ayons fini.
Que vous ayez fini.
Qu'ils aient fini.

PLUS-QUE-PARFAIT.

Que j'eusse fini.
Que tu eusses fini.
Qu'il eût fini.
Que nous eussions fini.
Que vous eussiez fini.
Qu'ils eussent fini.

INFINITIF.

PRÉSENT.

Finir.

PASSÉ.

Avoir fini.

PARTICIPE PRÉSENT.

Finissant.

PARTICIPE PASSÉ ACTIF.

Ayant fini.

PARTICIPE PASSÉ PASSIF.

Fini, finie.

TROISIÈME CONJUGAISON.

Ainsi se conjuguent tous les verbes dont l'infinitif se termine en OIR, comme *recevoir*, *devóir*, *concevoir*, etc.

INDICATIF

PRÉSENT.

Je reçois.
Tu reçois.
Il reçoit.
Nous recevons.
Vous recevez.
Ils reçoivent.

IMPARFAIT.

Je recevais.
Tu recevais.
Il recevait.
Nous recevions.
Vous receviez.
Ils recevaient.

PASSÉ DÉFINI.

Je reçus.
Tu reçus.
Il reçut.
Nous reçûmes.
Vous reçûtes.
Ils reçurent.

PASSÉ INDÉFINI.

J'ai reçu.
Tu as reçu.
Il a reçu.
Nous avons reçu.
Vous avez reçu.
Ils ont reçu.

PASSÉ ANTÉRIEUR.

J'eus reçu.
Tu eus reçu.
Il eut reçu.
Nous eûmes reçu.
Vous eûtes reçu.
Ils eurent reçu.

PLUS-QUE-PARFAIT.

J'avais reçu.
Tu avais reçu.
Il avait reçu.
Nous avions reçu.
Vous aviez reçu.
Ils avaient reçu.

FUTUR.

Je recevrai.
Tu recevras.
Il recevra.
Nous recevrons.
Vous recevrez.
Ils recevront.

FUTUR ANTÉRIEUR.

J'aurai reçu.
Tu auras reçu.
Il aura reçu.
Nous aurons reçu.
Vous aurez reçu.
Ils auront reçu.

CONDITIONNEL.

PRÉSENT.

Je recevrais.
Tu recevrais.
Il recevrait.
Nous recevrions.
Vous recevriez.
Ils recevraient.

CONDITIONNEL PASSÉ.

J'aurais reçu.
Tu aurais reçu.
Il aurait reçu.
Nous aurions reçu.
Vous auriez reçu.
Ils auraient reçu.

IMPÉRATIF.

Reçois.
Qu'il reçoive.
Recevons.
Recevez.
Qu'ils reçoivent.

SUBJONCTIF.

PRÉSENT ou FUTUR.

Que je reçoive.
Que tu reçoives.
Qu'il reçoive.
Que nous recevions.
Que vous receviez.
Qu'ils reçoivent.

IMPARFAIT.

Que je reçusse.
Que tu reçusses.
Qu'il reçût.

Que nous reçussions.
Que vous reçussiez.
Qu'ils reçussent.

PASSÉ.

Que j'aye reçu.
Que tu ayes reçu.
Qu'il ait reçu.
Que nous ayons reçu.
Que vous ayez reçu.
Qu'ils aient reçu.

PLUS-QUE-PARFAIT.

Que j'eusse reçu.
Que tu eusses reçu.
Qu'il eût reçu.
Que nous eussions reçu.
Que vous eussiez reçu.
Qu'ils eussent reçu.

INFINITIF.

PRÉSENT.

Recevoir.

PASSÉ.

Avoir reçu.

PARTICIPE PRÉSENT.

Recevant.

PARTICIPE PASSÉ ACTIF.

Ayant reçu.

PARTICIPE PASSÉ PASSIF.

Reçu, reçue.

QUATRIÈME CONJUGAISON.

Ainsi se conjuguent tous les verbes dont l'infinitif se termine en RE, comme *rendre, entendre, vendre,* etc.

INDICATIF.

PRÉSENT.

Je rends.
Tu rends.
Il rend.
Nous rendons.
Vous rendez.
Ils rendent.

IMPARFAIT.

Je rendais.
Tu rendais.
Il rendait.
Nous rendions.
Vous rendiez.
Ils rendaient.

PASSÉ DÉFINI.

Je rendis.
Tu rendis.
Il rendit.
Nous rendîmes.
Vous rendîtes.
Ils rendirent.

PASSÉ INDÉFINI.

J'ai rendu.
Tu as rendu.
Il a rendu.
Nous avons rendu.
Vous avez rendu.
Ils ont rendu.

PASSÉ ANTÉRIEUR.

J'eus rendu.
Tu eus rendu.
Il eut rendu.
Nous eûmes rendu.
Vous eûtes rendu.
Ils eurent rendu.

PLUS-QUE-PARFAIT.

J'avais rendu.
Tu avais rendu.
Il avait rendu.
Nous avions rendu.
Vous aviez rendu.
Ils avaient rendu.

FUTUR.

Je rendrai.
Tu rendras.
Il rendra.
Nous rendrons.
Vous rendrez.
Ils rendront.

FUTUR ANTÉRIEUR.

J'aurai rendu.
Tu auras rendu.
Il aura rendu.
Nous aurons rendu.
Vous aurez rendu.
Ils auront rendu.

CONDITIONNEL.

PRÉSENT.

Je rendrais.
Tu rendrais.
Il rendrait.
Nous rendrions.
Vous rendriez.
Ils rendraient.

CONDITIONNEL PASSÉ.

J'aurais rendu.
Tu aurais rendu.
Il aurait rendu.
Nous aurions rendu.
Vous auriez rendu.
Ils auraient rendu.

IMPÉRATIF.

Rends.
Qu'il rende.
Rendons.
Rendez.
Qu'ils rendent.

SUBJONCTIF.

PRÉSENT ou FUTUR.

Que je rende.
Que tu rendes.
Qu'il rende.
Que nous rendions.
Que vous rendiez.
Qu'ils rendent.

IMPARFAIT.

Que je rendisse.
Que tu rendisses.
Qu'il rendît.

Que nous rendissions.
Que vous rendissiez.
Qu'ils rendissent.

PASSÉ.

Que j'aye rendu.
Que tu ayes rendu.
Qu'il ait rendu.
Que nous ayons rendu.
Que vous ayez rendu.
Qu'ils aient rendu.

PLUS-QUE-PARFAIT.

Que j'eusse rendu.
Que tu eusses rendu.
Qu'il eût rendu.
Que nous eussions rendu.
Que vous eussiez rendu.
Qu'ils eussent rendu.

INFINITIF.

PRÉSENT.

Rendre.

PASSÉ.

Avoir rendu.

PARTICIPE PRÉSENT.

Rendant.

PARTICIPE PASSÉ ACTIF.

Ayant rendu.

PARTICIPE PASSÉ PASSIF.

Rendu, rendue.

CHAPITRE IX.

NEUVIÈME LEÇON.

Temps primitifs.

Il est indispensable de traiter des *temps primitifs*, c'est-à-dire, de ceux qui servent à former les autres temps des verbes dans les quatre conjugaisons.

Il y a cinq *temps primitifs*, qui sont :

PRÉSENT de l'infinitif.	PARTICIPE présent.	PARTICIPE passé.	PRÉSENT de l'indicatif.	PASSÉ DÉFINI de l'indicatif.
Aimer.	Aimant.	Aimé.	J'aime.	J'aimai.
Finir.	Finissant.	Fini.	Je finis.	Je finis.
Ouvrir.	Ouvrant.	Ouvert.	J'ouvre.	J'ouvris.
Sentir.	Sentant.	Senti.	Je sens.	Je sentis.
Tenir.	Tenant.	Tenu.	Je tiens.	Je tins.
Recevoir.	Recevant.	Reçu.	Je reçois.	Je reçus.
Rendre.	Rendant.	Rendu.	Je rends.	Je rendis.
Prendre.	Prenant.	Pris.	Je prends.	Je pris.
Plaindre.	Plaignant.	Plaint.	Je plains.	Je plaignis.
Plaire.	Plaisant.	Plu.	Je plais.	Je plus.
Paraître.	Paraissant.	Paru.	Je parais.	Je parus.
Réduire.	Réduisant.	Réduit.	Je réduis.	Je réduisis.

Les *temps primitifs* servent à former les temps *dérivés* de la manière suivante :

(46)

1°.

Du PRÉSENT DE L'INFINITIF on forme le *futur,*
en changeant *r, oir* ou *re,* en *rai.*

EXEMPLE :

Aimer, finir, recevoir, rendre ; FUTUR, j'aime*rai,* je fin*irai,* je rece*vrai,* je rend*rai.*

Du *futur* l'on forme le *conditionnel,* en changeant *rai* en *rais.*

EXEMPLE :

J'aime*rai,* je fin*irai,* je rece*vrai,* je rend*rai ;*
CONDITIONNEL, j'aime*rais,* je fin*irais,* je rece*vrais,*
je rend*rais.*

2°.

Du PARTICIPE PRÉSENT, l'on forme les *trois personnes du pluriel du présent de l'indicatif,* en
changeant *ant* en *ons, ez, ent.*

EXEMPLE.

Aim*ant,* finiss*ant,* recev*ant,* rend*ant ; pluriel
du présent de l'indicatif :* nous aim*ons,* vous
aim*ez,* ils aim*ent ;* nous finiss*ons,* vous finiss*ez,*
ils finiss*ent ;* nous recev*ons,* vous recev*ez,* ils reçoiv*ent* (*) ; nous rend*ons,* vous rend*ez,* ils
rend*ent.*

____

(*)Lorsque la troisième personne du pluriel est irrégulière,
elle se forme de la troisième personne du singulier, en changeant *t* en *lent* ou *vent,* si le verbe est terminé en *loir* ou *voir.*
EXEMPLE: vouloir, il veut, ils *veulent ;* devoir, il doit, ils *doivent.*

De la *première personne du pluriel du présent*, se forme *l'imparfait de l'indicatif*, en changeant *ons* en *ais*.

EXEMPLE :

Nous aim*ons*, nous finiss*ons*, nous recev*ons*, nous rend*ons; imparfait* : j'aim*ais*, je finiss*ais*, je recev*ais*, je rend*ais*.

De la *troisième personne du pluriel du présent de l'indicatif*, se forme *le présent du subjonctif*, en retranchant *nt*.

EXEMPLE :

Ils aim*ent*, ils finiss*ent*, ils reçoiv*ent*, ils rend*ent; présent du subjonctif*, que j'aim*e*, que je finiss*e*, que je reçoiv*e*, que je rend*e*.

3°.

Du PARTICIPE PASSÉ se forment tous les temps composés, c'est-à-dire, ceux qui empruntent les verbes auxiliaires *avoir* ou *être*. Ainsi, des participes passés *aimé, fini, reçu, rendu*, l'on forme les temps suivans : *j'ai aimé, j'eus aimé, j'avais aimé, j'aurai aimé, j'aurais aimé, que j'aye aimé, que j'eusse aimé, avoir aimé, ayant aimé.* — *J'ai fini, j'eus fini, j'avais fini*, etc.

4°.

Du PRÉSENT DE L'INDICATIF on forme *l'impératif*, en ôtant le pronom *je*.

EXEMPLE :

J'aime, je finis, je reçois, je rends. Impératif, *aime, finis, reçois, rends.*

5°.

Du PASSÉ DÉFINI se forme l'*imparfait du sub-jonctif*, en changeant *ai* en *asse* pour la première conjugaison, et en ajoutant *se* pour les trois autres.

EXEMPLE :

J'aim*ai*, que j'aim*asse*; je fin*is*, je reç*us*, je rend*is*; que je fin*isse*, que je reç*usse*, que je rend*isse.*

EXCEPTIONS.

Les verbes suivans font exception aux règles qui viennent d'être citées :

1°. *Aller* fait au futur *j'irai*; envoyer, *j'enverrai*; acquérir, *j'acquerrai*; courir, je courrai; cueillir, je cueillerai; mourir, je mourrai; tenir, je tiendrai; venir, je viendrai; avoir, j'aurai; s'asseoir, je m'asseyerai; déchoir, je décherrai; pourvoir, je pourvoirai; pouvoir, je pourrai; savoir, je saurai; valoir, je vaudrai; voir, je verrai; vouloir, je voudrai; falloir, il faudra.* — *Être, je serai; faire, je ferai.*

2°. Le participe présent *ayant* fait à la première personne du pluriel du présent de l'indi-catif, nous *avons*; étant, nous *sommes*; sachant, nous *savons*. — *Disant,* vous *dites*; *faisant,* vous *faites*. — *Allant*, fait au présent du subjonctif, que *j'aille*; *falloir*, qu'il *faille*; *pouvant*, que je *puisse*; *sachant*, que je *sache*; *valant*, que je *vaille*; *voulant*, que je *veuille*; *étant*, que je *sois*; *faisant*, que je *fasse*.

3°. Le présent de l'indicatif *j'ai*, fait à *l'impératif*, *aye*; je *suis*, *sois*; je *sais*, *sache*; je *vais*, *va*.

CHAPITRE X.

DIXIÈME LEÇON.

Verbes irréguliers.

On appelle *verbes irréguliers* ceux qui diffèrent du mode de conjugaison des verbes réguliers.

Moyennant les règles indiquées au chapitre précédent, il est aisé de conjuguer tous les verbes de la langue française; mais comme il se trouve dans notre langue plus de cinquante verbes irréguliers, sans compter ceux qui en sont dérivés, on trouvera ici le tableau de leurs temps primitifs, à l'aide duquel on pourra les conjuguer aussi aisément que les verbes réguliers.

Temps primitifs des verbes irréguliers.

PRÉSENT de l'infinitif.	PARTICIPE présent.	PARTICIPE passé.	PRÉSENT de l'indicatif.	PASSÉ DÉFINI de l'indicatif.
Aller.	Allant.	Allé.	Je vais.	J'allai.
Acquérir.	Acquérant.	Acquis.	J'acquiers.	J'acquis.
Bouillir.	Bouillant.	Bouilli.	Je bous.	Je bouillis,
Courir.	Courant.	Couru.	Je cours.	Je courus.
Cueillir.	Cueillant.	Cueilli.	Je cueille.	Je cueillis.
Faillir.	Faillant.	Failli.		Je faillis.
Fuir.	Fuyant.	Fui.	Je fuis.	Je fuis.
Haïr.	Haïssant.	Haï.	Je hais.	Je haïs.
Mourir.	Mourant.	Mort.	Je meurs.	Je mourus.
Tressaillir.	Tressaillant.	Tressailli.	Je tressaille.	Je tressaillis
Vêtir.	Vêtant.	Vêtu.	Je vêts.	Je vêtis.
Déchoir.	Déchéant.	Déchu.	Je déchois	Je déchus.
Falloir.		Fallu.	Il faut.	Il fallut.
Mouvoir.	Mouvant.	Mu.	Je meus.	Je mus.
Pleuvoir.	Pleuvant.	Plu.	Il pleut.	Il plut.
Pourvoir.	Pourvoyant.	Pourvu.	Je pourvois.	Je pourvus.
Pouvoir.	Pouvant.	Pu.	Je peux.	Je pus.
S'asseoir.	S'asseyant.	Assis.	Je m'assieds.	Je m'assis.
Savoir.	Sachant.	Su.	Je sais.	Je sus.
Surseoir.	Sursoyant.	Sursis.	Je sursois.	Je sursis.
Valoir.	Valant.	Valu.	Je vaux.	Je valus.
Voir.	Voyant.	Vu.	Je vois.	Je vis.
Vouloir.	Voulant.	Voulu.	Je veux.	Je voulus.
Absoudre.	Absolvant.	Absous.	J'absous.	
Boire	Buvant.	Bu.	Je bois.	Je bus.
Circoncire.	Circoncisant	Circoncis.	Je circoncis.	Je circoncis.
Clore.		Clos.	Je clos.	
Conclure.	Concluant.	Conclu,	Je conclus.	Je conclus.
Confire.	Confisant.	Confit.	Je confis.	Je confis.
Coudre.	Cousant.	Cousu.	Je couds.	Je cousis.
Croire.	Croyant.	Cru.	Je crois.	Je crus.
Croître.	Croissant.	Crû,	Je croîs.	Je crûs.

Dire.	Disant.	Dit.	Je dis.	Je dis.
Écrire.	Écrivant.	Écrit.	J'écris.	J'écrivis.
Exclure.	Excluant.	Exclus.	J'exclus.	J'exclus.
Faire.	Faisant.	Fait.	Je fais.	Je fis.
Frire.		Frit.		
Lire.	Lisant.	Lu.	Je lis.	Je lus.
Luire.	Luisant.	Lui.	Je luis.	Je luisis.
Maudire.	Maudissant.	Maudit.	Je maudis.	Je maudis.
Mettre.	Mettant.	Mis.	Je mets.	Je mis.
Moudre.	Moulant.	Moulu.	Je mouds.	Je moulus.
Naître.	Naissant.	Né.	Je nais.	Je naquis.
Nuire.	Nuisant.	Nui.	Je nuis.	Je nuisis.
Résoudre.	Résolvant.	Résolu.	Je résous.	Je résolus.
Rire.	Riant.	Ri.	Je ris.	Je ris.
Suffire.	Suffisant.	Suffi.	Je suffis.	Je suffis.
Suivre.	Suivant.	Suivi.	Je suis.	Je suivis.
Traire.	Trayant.	Trait.	Je trais.	
Vaincre.	Vainquant.	Vaincu.	Je vaincs.	Je vainquis.
Vivre.	Vivant.	Vécu.	Je vis.	Je vécus.

Les verbes dérivés de ceux-ci se conjuguent de même : ainsi *survivre* se conjugue comme *vivre*, et l'on dit : *survivre, survivant, survécu, je survis, je survécus*, etc.

CHAPITRE XI.

ONZIÈME LEÇON.

Des différentes sortes de verbes.

Il y a cinq sortes de verbes : le verbe *actif*, le verbe *passif*, le verbe *neutre*, le verbe *réfléchi*, et le verbe *impersonnel*.

Le verbe *actif* est celui qui marque l'action que l'on fait, et après lequel on peut mettre *quelqu'un* ou *quelque chose*. Aimer, donner, sont des verbes *actifs*, parce qu'on peut dire *aimer quelqu'un*, *donner quelque chose*.

Le verbe *passif* exprime l'action soufferte ou reçue ; il est toujours précédé du verbe *être*, comme *je suis aimé*, *j'ai été averti*, *je serai récompensé*.

Le verbe *neutre* est celui qui n'indique que l'état du sujet, et après lequel on ne peut pas mettre *quelqu'un*, ni *quelque chose*. Dormir, mourir, sont des verbes *neutres*, parce qu'on ne peut pas dire, *dormir quelqu'un*, *mourir quelque chose*.

Le verbe *réfléchi* exprime une action qui retombe sur le sujet même qui agit; ce verbe est précédé des pronoms *me, té, se,* comme *je me loue, tu te flattes, il se blesse.*

Le verbe *réfléchi* devient *réciproque,* quand deux ou plusieurs sujets agissent les uns sur les autres.

EXEMPLES :

Nous nous sommes disputés ensemble.
Ils se sont loués l'un l'autre.

Le verbe *impersonnel* est ainsi appelé, parce qu'il manque de personnes, et qu'il n'est en usage dans tous les temps qu'à la troisième personne du singulier, comme, *il faut, il pleut :* on ne pourrait pas dire, *je faux, je pleux.*

§. Ayant déjà traité des verbes actifs, l'on va donner un modèle de conjugaison pour ces quatre dernières sortes de verbes.

CHAPITRE XII.

DOUZIÈME LEÇON.

Verbes passifs.

CES verbes se conjuguent dans tous leurs temps avec l'auxiliaire *être.*

INDICATIF.

PRÉSENT.

Je suis aimé *ou* aimée.
Tu es aimé.
Il est aimé.
Nous sommes aimés *ou* aimées.
Vous êtes aimés.
Ils sont aimés.

IMPARFAIT.

J'étais aimé *ou* aimée.
Tu étais aimé.
Il était aimé.
Nous étions aimés.
Vous étiez aimés.
Ils étaient aimés.

PASSÉ DÉFINI.

Je fus aimé *ou* aimée.
Tu fus aimé.
Il fut aimé.
Nous fûmes aimés.
Vous fûtes aimés.
Ils furent aimés.

PASSÉ INDÉFINI.

J'ai été aimé *ou* aimée.
Tu as été aimé.
Il a été aimé.
Nous avons été aimés.
Vous avez été aimés.
Ils ont été aimés.

PASSÉ ANTÉRIEUR.

J'eus été aimé *ou* aimée.
Tu eus été aimé.
Il eut été aimé.

Nous eûmes été aimés.
Vous eûtes été aimés.
Ils eurent été aimés.

PLUS-QUE-PARFAIT.

J'avais été aimé *ou* aimée.
Tu avais été aimé.
Il avait été aimé.
Nous avions été aimés.
Vous aviez été aimés.
Ils avaient été aimés.

FUTUR.

Je serai aimé *ou* aimée.
Tu seras aimé.
Il sera aimé.
Nous serons aimés.
Vous serez aimés.
Ils seront aimés.

FUTUR ANTÉRIEUR.

J'aurai été aimé *ou* aimée.
Tu auras été aimé.
Il aura été aimé.
Nous aurons été aimés.
Vous aurez été aimés.
Ils auront été aimés.

CONDITIONNEL.

PRÉSENT.

Je serais aimé *ou* aimée.
Tu serais aimé.
Il serait aimé.
Nous serions aimés.
Vous seriez aimés.
Ils seraient aimés.

CONDITIONNEL PASSÉ.

J'aurais été aimé *ou* aimée.
Tu aurais été aimé.
Il aurait été aimé.
Nous aurions été aimés.
Vous auriez été aimés.
Ils auraient été aimés.

IMPÉRATIF.

Sois aimé *ou* aimée.
Qu'il soit aimé.
Soyons aimés.
Soyez aimés.
Qu'ils soient aimés.

SUBJONCTIF.

PRÉSENT *ou* FUTUR.

Que je sois aimé ou aimée.
Que tu sois aimé.
Qu'il soit aimé.
Que nous soyons aimés.
Que vous soyez aimés.
Qu'ils soient aimés.

IMPARFAIT.

Que je fusse aimé *ou* aimée.
Que tu fusses aimé.
Qu'il fût aimé.
Que nous fussions aimés.
Que vous fussiez aimés.
Qu'ils fussent aimés.

PASSÉ.

Que j'aye été aimé *ou* aimée.
Que tu ayes été aimé.
Qu'il ait été aimé.
Que nous ayons été aimés.
Que vous ayez été aimés.
Qu'ils aient été aimés.

PLUS-QUE-PARFAIT.

Que j'eusse été aimé *ou* aimée.
Que tu eusses été aimé.
Qu'il eût été aimé.
Que nous eussions été aimés.
Que vous eussiez été aimés.
Qu'ils eussent été aimés.

INFINITIF.

PRÉSENT.

Être aimé *ou* aimée.

PASSÉ.

Avoir été aimé *ou* aimée.

PARTICIPE PRÉSENT.

Étant aimé *ou* aimée.

PARTICIPE PASSÉ.

Ayant été aimé *ou* aimée.

VERBES NEUTRES.

La plupart des verbes *neutres* se conjuguent dans leurs temps composés avec l'auxiliaire *avoir* ; mais quelques-uns font usage du verbe *être* :

tels sont les quinze suivans : *aller, arriver, dé-céder, déchoir, descendre, entrer, monter, mourir, naître, partir, passer, rester, sortir, tomber, venir;* et tous les verbes qui en sont composés, comme *repasser, revenir,* etc.

Conjugaison d'un verbe neutre avec l'auxiliaire ÊTRE.

INDICATIF.

PRÉSENT.

J'entre.
Tu entres.
Il entre.
Nous entrons.
Vous entrez.
Ils entrent.

IMPARFAIT.

J'entrais.
Tu entrais.
Il entrait.
Nous entrions.
Vous entriez.
Ils entraient.

PASSÉ DÉFINI.

J'entrai.
Tu entras.
Il entra.
Nous entrâmes.
Vous entrâtes.
Ils entrèrent.

PASSÉ INDÉFINI.

Je suis entré ou entrée.
Tu es entré.
Il est entré.
Nous sommes entrés.
Vous êtes entrés.
Ils sont entrés.

PASSÉ ANTÉRIEUR.

Je fus entré ou entrée.
Tu fus entré.
Il fut entré.
Nous fûmes entrés.
Vous fûtes entrés.
Ils furent entrés.

PLUS-QUE-PARFAIT.

J'étais entré ou entrée.
Tu étais entré.
Il était entré.
Nous étions entrés.
Vous étiez entrés.
Ils étaient entrés.

FUTUR.

J'entrerai.
Tu entreras.
Il entrera.
Nous entrerons.
Vous entrerez.
Ils entreront.

FUTUR ANTÉRIEUR.

Je serai entré ou entrée.
Tu seras entré.
Il sera entré.
Nous serons entrés.
Vous serez entrés.
Ils seront entrés.

CONDITIONNEL.

PRÉSENT.

J'entrerais.
Tu entrerais.
Il entrerait.
Nous entrerions.
Vous entreriez.
Ils entreraient.

CONDITIONNEL PASSÉ.

Je serais entré ou entrée.
Tu serais entré.
Il serait entré.
Nous serions entrés.
Vous seriez entrés.
Ils seraient entrés.

IMPÉRATIF.

Entre.
Qu'il entre.
Entrons.
Entrez.
Qu'ils entrent.

SUBJONCTIF.

PRÉSENT OU FUTUR.

Que j'entre.
Que tu entres.
Qu'il entre.
Que nous entrions.

Que vous entriez.
Qu'ils entrent.

IMPARFAIT.

Que j'entrasse.
Que tu entrasses.
Qu'il entrât.
Que nous entrassions.
Que vous entrassiez.
Qu'ils entrassent.

PASSÉ.

Que je sois entré ou entrés.
Que tu sois entré.
Qu'il soit entré.
Que nous soyons entrés.
Que vous soyez entrés.
Qu'ils soient entrés.

PLUS-QUE-PARFAIT.

Que je fusse entré ou entrée.
Que tu fusses entré.
Qu'il fût entré.
Que nous fussions entrés.
Que vous fussiez entrés.
Qu'ils fussent entrés.

INFINITIF.

PRÉSENT.

Entrer.

PASSÉ.

Être entré ou entrée.

PARTICIPE PRÉSENT.

Entrant.

PARTICIPE PASSÉ.

Entré, entrée, étant entré.

CHAPITRE XIII.

TREIZIÈME LEÇON.

Verbes réfléchis.

LES verbes *réfléchis* se conjuguent dans leurs temps composés avec l'auxiliaire *être ;* ils sont toujours précédés de deux pronoms de la même personne.

INDICATIF.	PASSÉ INDÉFINI.
PRÉSENT.	
Je me loue.	Je me suis loué ou louée.
Tu te loues.	Tu t'es loué.
Il se loue.	Il s'est loué.
Nous nous louons.	Nous nous sommes loués.
Vous vous louez.	Vous vous êtes loués.
Ils se louent.	Ils se sont loués.
IMPARFAIT.	**PASSÉ ANTÉRIEUR.**
Je me louais.	Je me fus loué ou louée
Tu te louais.	Tu te fus loué.
Il se louait.	Il se fut loué.
Nous nous louions.	Nous nous fûmes loués.
Vous vous louiez.	Vous vous fûtes loués.
Ils se louaient.	Ils se furent loués.
PASSÉ DÉFINI	**PLUS-QUE-PARFAIT.**
Je me louai.	Je m'etais loué ou louée.
Tu te louas.	Tu t'étais loué.
Il se loua.	Il s'était loué.
Nous nous louâmes.	Nous nous étions loués.
Vous vous louâtes.	Vous vous étiez loués.
Ils se louèrent.	Ils s'étaient loués.

FUTUR.

Je me louerai.
Tu te loueras.
Il se louera.
Nous nous louerons.
Vous vous louerez.
Ils se loueront.

FUTUR ANTÉRIEUR.

Je me serai loué ou louée.
Tu te seras loué.
Il se sera loué.
Nous nous serons loués.
Vous vous serez loués.
Ils se seront loués.

CONDITIONNEL.

PRÉSENT.

Je me louerais.
Tu te louerais.
Il se louerait.
Nous nous louerions.
Vous vous loueriez.
Ils se loueraient.

CONDITIONNEL PASSÉ.

Je me serais loué ou louée.
Tu te serais loué.
Il se serait loué.
Nous nous serions loués.
Vous vous seriez loués.
Ils se seraient loués.

IMPÉRATIF.

Loue toi.
Qu'il se loue.
Louons-nous.
Louez-vous.
Qu'ils se louent.

SUBJONCTIF.

PRÉSENT ou FUTUR.

Que je me loue.

Que tu te loues.
Qu'il se loue.
Que nous nous louions.
Que vous vous louiez.
Qu'ils se louent.

IMPARFAIT.

Que je me louasse.
Que tu te louasses.
Qu'il se louât.
Que nous nous louassions.
Que vous vous louassiez.
Qu'ils se louassent.

PASSÉ.

Que je me sois loué ou louée.
Que tu te sois loué.
Qu'il se soit loué.
Que nous nous soyons loués.
Que vous vous soyez loués.
Qu'ils se soient loués.

PLUS-QUE-PARFAIT.

Que je me fusse loué ou louée.
Que tu te fusses loué.
Qu'il se fût loué.
Que nous nous fussions loués.
Que vous vous fussiez loués.
Qu'ils se fussent loués.

INFINITIF.

PRÉSENT.

Se louer.

PASSÉ.

S'être loué ou louée.

PARTICIPE PRÉSENT.

Se louant.

PARTICIPE PASSÉ.

S'étant loué ou louée.

VERBES IMPERSONNELS.

Les verbes *impersonnels* ne se conjuguent dans tous leurs temps qu'à la troisième personne du singulier.

INDICATIF

PRÉSENT.

Il faut.

IMPARFAIT.

Il fallait.

PASSÉ DÉFINI.

Il fallut.

PASSÉ INDÉFINI.

Il a fallu.

PASSÉ ANTÉRIEUR.

Il eut fallu.

PLUS-QUE-PARFAIT.

Il avait fallu.

FUTUR.

Il faudra.

FUTUR ANTÉRIEUR.

Il aura fallu.

CONDITIONNEL.

PRÉSENT.

Il faudrait.

CONDITIONNEL PASSÉ.

Il aurait fallu.

(*Point d'impératif.*)

SUBJONCTIF.

PRÉSENT.

Qu'il faille.

IMPARFAIT.

Qu'il fallût.

PASSÉ.

Qu'il ait fallu.

PLUS-QUE-PARFAIT.

Qu'il eût fallu.

INFINITIF.

PRÉSENT.

Falloir.

PASSÉ.

Avoir fallu.

(*Point de participe présent.*)

PARTICIPE PASSÉ.

Ayant fallu.

CHAPITRE XIV.

QUATORZIÈME LEÇON

Observations sur les temps des verbes, et leur emploi.

Le *présent de l'indicatif* marque l'action faite au moment même qu'on parle. Quand on dit : *je chante, je cours,* l'action de chanter, de courir, se passe au moment même qu'on le dit.

L'*imparfait* marque qu'une action était présente au moment qu'une autre se passait.

EXEMPLE :

Je LISAIS *un livre, lorsqu'on m'a appelé.*

Le *passé défini* marque une action passée dans un temps entièrement écoulé.

EXEMPLES :

Je FUS *hier dans votre maison.*—Je TRAVAIL-LAI *beaucoup l'année passée.*

§. La journée d'hier, l'année passée sont des temps définis et entièrement écoulés; ce serait donc une faute de dire : *je fus* malade ce matin; *je travaillai* beaucoup cette année, parce que la journée et l'année ne sont pas entièrement passées.

Le *passé défini* est très-usité dans le style historique.

EXEMPLES :

Jules César conquit *les Gaules.* — *Les Normands* assiégèrent *Paris.*

Le *passé indéfini* marque une action passée dans un temps qui n'est pas entièrement écoulé.

EXEMPLES :

J'ai été *malade ce matin;* j'ai fait *beaucoup de progrès cette année.*

On peut s'en servir aussi pour un temps entièrement écoulé, et dire : j'ai été *malade hier;* nous n'avons pas travaillé *l'année dernière.*

Le *passé antérieur* marque un temps passé avant un autre; il est ordinairement précédé des mots *quand* ou *lorsque.*

EXEMPLE :

Quand j'eus fini *mon ouvrage, je me reposai.*

Le *plus-que-parfait* marque également un temps passé avant un autre; mais il est suivi des mots *quand* ou *lorsque.*

EXEMPLE :

J'avais fini *mon ouvrage, quand vous êtes venu.*

Le *futur* indique une action qui se fera.

EXEMPLES :

J'étudierai *ma leçon;* j'irai *vous voir demain.*

Le *futur antérieur* indique une action qui doit se passer avant une autre

(63)

Quand J'AURAI LU *votre livre, je vous le rendrai.*

ACCORD DES TEMPS DES VERBES.

Lorsque le premier verbe est au *présent* ou au *futur de l'indicatif*, il faut que le second soit au *présent du subjonctif*.

EXEMPLE.

Il faut, il faudra que vous CHANTIEZ.

Lorsque le premier verbe est à *l'imparfait de l'indicatif*, aux *passés défini* et *indéfini*, au *plus-que-parfait*, ou au *conditionnel présent*, on met le second à l'*imparfait du subjonctif*.

EXEMPLES :

Il fallait, il fallut, il a fallu, il avait fallu, il faudrait que vous AIMASSIEZ, *que vous* FINISSIEZ, *que vous* REÇUSSIEZ, *que vous* RENDISSIEZ.

Je désirerais que vous M'ÉCRIVISSIEZ *souvent, et que vous* FISSIEZ *plus de progrès.*

Si le premier verbe est au *conditionnel passé*, mettez le second au *plus-que-parfait du subjonctif.*

EXEMPLES :

Il aurait fallu que vous EUSSIEZ ÉTUDIÉ.

Nous aurions désiré que vous EUSSIEZ REMPORTÉ UN PRIX.

Quand le premier verbe est au *passé indéfini,* ou au *futur antérieur,* on met le second au *passé du subjonctif,* si l'action marquée par le second verbe est entièrement passée.

EXEMPLES :

Il a fallu que votre mère AIT FAIT bien des démarches pour gagner son procès.

· Je suis persuadé que votre frère *aura voulu* que vous AYEZ AGI de la sorte.

§. Il faut bien se pénétrer de ces règles, lorsqu'on veut parler et écrire correctement : l'on doit surtout s'appliquer à bien connaître les *imparfaits du subjonctif,* afin de les employer convenablement, et lorsque le cas l'exige.

CHAPITRE XV.

QUINZIÈME LEÇON.

Accord des verbes avec leur nominatif.

ON appelle *nominatif* ou *sujet* d'un verbe, le mot qui précède ordinairement le verbe, et qui en fait l'action. Quand on dit : l'ENFANT *étudie,* l'*enfant* est le *nominatif* du verbe, parce que c'est lui qui fait l'action d'étudier.

On trouve le *nominatif* d'un verbe en faisant

la question *qui est-ce qui?* Ainsi, dans cette phrase : — *Les hommes, s'ils étaient justes, ne se feraient pas la guerre.* — *Qui est-ce qui* ne se ferait pas la guerre ? — Les *hommes* ; — *hommes* est donc le *nominatif* du verbe faire.

RÈGLE.

Tout verbe doit être du même nombre et de la même personne que son *nominatif* ou *sujet.* Ainsi, il faut dire, en parlant au singulier, l'*enfant lit ;* au pluriel, les *enfans lisent ;* — c'est *moi* qui *ai* vu ; — c'est *nous* qui *ordonnerons ;* — ce sont *eux* qui *obéiront.*

Dans ces différentes phrases, tous les verbes s'accordent en nombre et en personne avec leur nominatif : — AI *vu* est à la première personne du singulier, parce que ce verbe se rapporte à son nominatif qui est *moi ;* — *ordonnerons* est à la première personne du pluriel, parce qu'il se rapporte à son nominatif *nous,* qui marque la première personne du pluriel ; — *obéiront* est à la troisième personne du pluriel, parce qu'il se rapporte à *eux,* troisième personne du pluriel.

AUTRE EXEMPLE :

Le père *était* avec ses enfans, et les *instruisait.* Qui est-ce qui instruisait ? Le père. — *Instruisait* doit donc être à la troisième personne du singulier, quoiqu'il soit précédé du pronom pluriel *les,* vu que c'est *le père* qui instruisait.

6

Lorsque deux nominatifs singuliers se trouvent devant un verbe, on met le verbe au pluriel, parce que deux singuliers valent un pluriel.

EXEMPLE :

Le père et le fils *travaillent*, et non pas *travaille*.

Si le verbe est précédé de deux nominatifs de différentes personnes, il se met à la plus noble personne ; la première est plus noble que la seconde, et la seconde l'est plus que la troisième.

EXEMPLES :

Vous et *lui*, vous *travaillez*.

Vous et *moi*, nous *jouons*.

Il ne faut jamais dire *moi* et *vous*, parce que la politesse française veut qu'on se nomme le dernier.

RÉGIME DES VERBES.

De même que les verbes ont un nominatif, ils ont aussi un *régime* ; ce *régime* se place ordinairement après le verbe, et il est tantôt *simple* ou *direct*, tantôt *composé* ou *indirect*. Quand le régime est *direct*, il répond à la question *qu'est-ce que ?*

EXEMPLE :

J'aime l'occupation. — *Qu'est-ce que* j'aime? L'occupation. —Le mot *occupation* est donc le régime *direct* du verbe *j'aime*.

Le *régime composé* ou *indirect* se place aussi après le verbe; mais il est précédé des mots *à, de* ou *par*, et répond aux questions *à qui, de qui, par qui, à quoi, de quoi, par quoi?*

Quand on dit : j'écrirai une lettre *à mon frère;* ie l'ai délivré *de la misère;* il a été sauvé *par mes soins :* — ces mots *à mon frère, de la misère, par mes soins*, sont des régimes *indirects*, parce qu'ils sont précédés des prépositions *à, de, par*, et qu'ils répondent aux susdites questions.

Quand le régime est un pronom personnel, il se met devant le verbe.

EXEMPLES :

Je vous *admire;* je LEUR *donnerai un livre* et non pas, *j'admire* vous; *je donnerai un livre* A EUX.

On tourne une phrase par le passif, en mettant le *régime* à la place du *nominatif*, et en se servant du verbe *être.* Ainsi, pour tourner cette phrase par le passif : *le maître a puni les écoliers*, il faut dire : *les écoliers ont été punis par le maître.*

CHAPITRE XVI.

SEIZIÈME LEÇON.

Règles essentielles pour l'orthographe des verbes.

La première personne du singulier se termine presque toujours par une *s*.

EXEMPLE :

Je *viens*, je *finis*, je *reçois*, je *rends*.

Il n'y a que les verbes terminés en *e* à la première personne du singulier, qui ne prennent point d'*s*, comme j'*aime*, j'*ouvre*, que je *finisse*, que je *reçoive*, que je *rende*.

La seconde personne du singulier s'écrit toujours par une *s*.

EXEMPLE :

. Tu *aimes*, tu *finis*, tu *reçois*, tu *rends ;* que tu *aimes*, que tu *finisses*, que tu *reçoives*, que tu *rendes*.

La troisième personne du singulier se termine ordinairement par un *t*.

EXEMPLE :

Il *finit*, il *reçoit*, il *vient*, il *court*.

Il faut excepter de cette règle les verbes terminés en *e* à la troisième personne du singulier, ou en *a*; — il *aime*, qu'il *finisse*, il *recevra*, il *rendra*.

La troisième personne du singulier de l'*imparfait du subjonctif* prend seule un *t*.

EXEMPLE :

Je voudrais *qu'il travaillât*.

La première personne du pluriel se termine toujours par une *s*.

EXEMPLE :

Nous *aimons*, nous *finissons*, nous *reçûmes*, nous *rendîmes*.

La deuxième personne du pluriel se termine en *ez*.

EXEMPLE :

Vous *aimez*, vous *finissez*, vous *recevez*, vous *rendez*.

Quand elle ne se termine pas en *ez*, on y met une *s* : vous *faites*, vous *dites*, vous *aimâtes*.

La troisième personne du pluriel est généralement terminée en *nt*.

EXEMPLE :

Ils *aiment*, ils *finissent*; ils *recevront*, ils *rendront*.

La première personne du passé défini dés verbes de la première conjugaison se termine en *ai;* j'*aimai,* je *chantai;* on dit au pluriel, *nous aimâmes, nous chantâmes.*

La première personne du futur dans tous les verbes est terminée en *rai;* j'*aimerai,* je *finirai,* je *recevrai,* je *rendrai.*

La première personne du singulier du conditionnel se termine en *rais :* j'*aimerais,* je *chanterais.*

On distingue facilement la première personne du *futur* d'avec le *conditionnel.* Le futur j'*aimerai,* je *chanterai,* fait au pluriel, *nous aimerons, nous chanterons,* tandis que le conditionnel, j'*aimerais,* je *chanterais,* fait au pluriel, *nous aimerions, nous chanterions.*

Il ne faut pas mettre d'*s* à la deuxième personne du singulier de l'impératif des verbes de la première conjugaison : *aime, écoute,* et non pas *aimes, écoutes,* etc.

Presque tous les verbes qui commencent par les syllabes *ac, af, al, an, ap, ar, as, at,* doublent leur consonne.

EXEMPLES :

Accoutumer, affronter, aller, annoncer, approuver, arrêter, assurer, attirer.

On peut observer la même règle à l'égard des verbes qui commencent par la voyelle *o,* comme *occasioner, offenser,* etc.

Les verbes qui commencent par *ab, ad, ag,*

am, av, ne doublent point leur consonne, comme *abandonner, adoucir, agrandir, amener, avilir,* etc. (Il faut excepter le seul verbe *additionner.*)

Quant aux verbes qui commencent par les voyelles *e, i, u,* ils sont en petit nombre; mais voici la règle qu'on peut suivre à leur égard. Par exemple, le verbe *effacer* prend deux *f;* l'on écrira de même par deu . *f* tous les verbes qui commencent par *ef,* comme *effrayer, effectuer,* etc. Le verbe *élever* s'écrit par une seule *l;* il faudra donc écrire par une seule *l* tous les verbes commençant par *el,* comme *éloigner, éluder,* etc.

Tous les verbes dont l'infinitif se termine en IR sont de la deuxième conjugaison : il faut en excepter les douze suivans, qui sont de la quatrième, parce qu'ils se terminent en IRE; tels que, *dire, lire, écrire, confire, cuire, frire, luire, maudire, nuire, rire, suffire, réduire,* et les verbes qui en sont dérivés, comme *redire, relire, conduire,* etc.

Tous les verbes qui commencent par la syllabe *en* s'écrivent par *en,* et non pas *an,* comme *entendre, envoyer, enfreindre, entourer,* etc. Il ne faut excepter de cette règle que les quatre verbes suivans : *amputer, anticiper, amplifier, ambitionner.*

CHAPITRE XVII.

DIX-SEPTIÈME LEÇON.

Continuation des règles sur l'orthographe.

CE, *pronom démonstratif*, s'écrit par un *c* devant tous les noms masculins qui commencent par une consonne ou une *h* aspirée : CE *chapeau*, CE *livre*, CE *héros*. — L'on écrit au pluriel CES. Exemple : CES *chapeaux*, CES *livres*, CES *héros*.

SE, *pronom personnel*, s'écrit par une *s* devant tous les verbes. Exemple · *Il ne faut pas* SE *louer ; cet enfant* SE *flatte sans cesse.*

SES, *pronom possessif*, signifiant *de lui*, *d'elle ou d'eux*, s'écrit par une *s*. Exemple : *J'ai vu le père et* SES *enfans, c'est-à-dire, les enfans de lui.*

C'EST, signifiant *cela est*, s'écrit par un *c*. Exemple : C'EST *un grand malheur.*

S'EST s'écrit par une *s*, toutes les fois qu'on peut y ajouter le pronom *il*. Exemple : *Votre frère* S'EST *bien comporté, il* S'EST *montré bien docile.*

SON, *pronom possessif*, ne s'écrit jamais par un *t* : SON *chapeau*, SON *livre*.

SONT s'écrit par un *t*, quand c'est la troisième

personne du pluriel du verbe *être*. Exemple : *Vos frères* SONT *malades, ils* SONT *bien affligés.*

ONT s'écrit aussi par un *t*, quand c'est la troisième personne du pluriel du verbe *avoir*. Exemple : *Vos frères* ONT *travaillé, ils* ONT *étudié toute la nuit.*

ON, *pronom indéfini*, ne s'écrit jamais par un *t*. Exemple : ON *nous a vus hier à la promenade.*

ON et L'ON s'emploient indifféremment : il faut cependant remarquer que, quand le mot suivant commence par une *l*, il vaut mieux se servir de *on*. Exemple : ON *les a vus*, et non pas, L'ON *les a vus.*

DONT, signifiant *duquel, de laquelle, desquels*, s'écrit par un *t* Exemple : *La personne* DONT, ou *de laquelle j'ai parlé.*

DONC, *conjonction*, s'écrit par un *c*. Exemple : *Faites* DONC *votre ouvrage.*

N'Y s'écrit par un *y* grec toutes les fois qu'on peut le faire précéder d'un pronom personnel. Exemples : *Je* N'Y *ai trouvé personne, votre frère* N'Y *a pas été; il* N'Y *veut pas aller.* Dans tout autre cas il faut écrire *ni*.

S'Y s'écrit aussi par un *y* grec toutes les fois qu'on peut le faire précéder du pronom *il*. Exemples : *Votre frère* S'Y *est trouvé, il* S'Y *est ennuyé*

DEMI devant un nom est invariable. Exemples: *Une* DEMI-*heure, deux* DEMI-*livres.*

DEMI après un nom s'accorde en genre avec ce nom. Exemples : *Une heure et* DEMIE, *deux livres et* DEMIE.

A DEMI est toujours invariable. Exemple : *Une robe* A DEMI *faite.*

QUATRE - VINGT *et* CENT se mettent au pluriel toutes les fois qu'ils sont suivis d'un nom pluriel. Exemple : QUATRE-VINGTS *hommes,* DEUX CENTS *francs;* mais quand ils sont suivis d'un nom de nombre, ou qu'ils finissent une phrase, ils restent au singulier. Exemples : QUATRE-VINGT-*douze francs; deux* CENT *soixante hommes; les ennemis étaient au nombre de trois* CENT.

MIL s'écrit ainsi en parlant de l'ère. Exemple : *L'an* MIL *huit-cent.*

MILLE, nom de nombre, ne prend jamais de pluriel. Exemple : *Deux* MILLE *francs, trois* MILLE *hommes.*

MILLE, signifiant *lieue,* prend le pluriel. Exemple : *J'ai parcouru un espace de douze* MILLES.

Les verbes APPELER et JETER ne doublent leur consonne que quand la syllabe suivante se termine par un *e* muet. Exemple : J'appel*le,* j'appel*lerai;* je jet*te,* je jet*terai.* Dans tout autre cas, la consonne doit être simple : — Nous appel*ons,* nous jet*ons,* j'appel*ais,* je jet*ais,* nous avons appel*é,* jet*é,* etc.

CHAPITRE XVIII.

DIX-HUITIÈME LEÇON.

Le Participe.

LE *participe* est un mot ainsi appelé, parce qu'il *participe* de la nature du verbe et de l'adjectif. Il tient du verbe, parce qu'il sert à conjuguer, et qu'il a un régime.

EXEMPLE :

Des enfans AIMANT *le travail.*

Il tient de l'adjectif, parce qu'étant joint à un nom, il s'accorde en genre et en nombre avec ce nom.

EXEMPLES :

Des enfans AIMÉS *de leurs parens; une femme* RESPECTÉE *de tout le monde.*

Il y a deux sortes de participes.

Le *participe présent :* AIMANT, FINISSANT, RECEVANT, RENDANT.

Le *participe passé :* AIMÉ, FINI, REÇU, RENDU.

ACCORD DES PARTICIPES.

Le *participe présent* est *invariable*, c'est-à-dire, qu'il n'a ni genre, ni nombre, et qu'il reste toujours au singulier masculin.

EXEMPLES :

J'ai rencontré un homme CHANTANT *; une femme* LISANT *; des enfans* ÉTUDIANT *; des femmes* TRAVAILLANT.

Comme il ne faut pas confondre certains adjectifs terminés en *ant* avec le participe présent, on reconnaîtra aisément un participe quand on pourra le tourner par *qui*, suivi du même verbe. Dans les exemples ci-dessus on peut dire : j'ai rencontré un homme *qui chantait*, une femme *qui lisait*, etc.

Mais quand on dit : *ces enfans sont* CHARMANS, *ces dames sont* OBLIGEANTES ; *ces mots charmans, obligeantes*, sont des adjectifs, parce qu'ils marquent ici la qualité, et non pas l'action.

PARTICIPE PASSÉ.

1°. Le *participe passé* s'accorde toujours en genre et en nombre avec le nom auquel il est joint.

EXEMPLES :

Un enfant AIMÉ, *une fille* AIMÉE ; *des enfans* AIMÉS, *des filles* AIMÉES.

2°. Le *participe passé* s'accorde de même avec le nom, lorsqu'il est précédé du verbe *être*.

EXEMPLES :

Mon père EST RESPECTÉ.
Mes frères SONT ESTIMÉS.

Ma sœur a ÉTÉ LOUÉE.
Mes cousines SERONT BLAMÉES.
Nous nous SOMMES EFFORCÉS *de réussir.*
Elles se SONT GLORIFIÉES *de leurs talens.*

EXCEPTION.

Dans les verbes réfléchis on ne fait pas accorder le participe, quand il est suivi d'un régime direct.

EXEMPLES :

Lucrèce s'est DONNÉ *la mort.*
Ces enfans se sont JETÉ *des pierres.*
Vos frères se sont ACHETÉ *des livres.*
Ils se sont PROPOSÉ *une partie de plaisir.*

Dans ces différentes phrases, les participes DONNÉ, JETÉ, ACHETÉ, PROPOSÉ, ne prennent pas d'accord, parce qu'ils ne se rapportent pas au nominatif du verbe, mais au nom suivant, qui en est le régime direct; ce qu'il est aisé de voir en faisant les questions suivantes :

Demande. — *Qui est-ce qui a été donné?.*
Réponse. — *La* MORT, et non pas *Lucrèce.*
Qui est-ce qui a été jeté? — *Des* PIERRES.
Qui est-ce qui a été acheté? — *Des* LIVRES.
Qui est-ce qui a été proposé? — *Une* PARTIE *de plaisir.*

CHAPITRE XIX.

DIX-NEUVIÈME LEÇON.

Continuation des règles sur le participe passé.

1°. Quand le *participe passé* est après le verbe AVOIR, il ne varie pas, et reste toujours au singulier masculin.

EXEMPLES :

Nous AVONS AIMÉ *l'ouvrage.*

Mes frères ONT *bien* TRAVAILLÉ.

Mes sœurs ONT CHANTÉ *et* DANSÉ.

Nous nous reposerons quand nous AURONS TRAVAILLÉ.

EXCEPTION BIEN IMPORTANTE.

2°. Quand le verbe AVOIR est précédé d'un régime direct, c'est-à-dire, des pronoms ME, TE, LE, LA, LES, NOUS, VOUS, QUE, QUEL, le participe passé doit toujours s'accorder en genre et en nombre avec ces pronoms.

EXEMPLES :

Le maître M'A VU, *ou* VUE, *si c'est une femme qui parle.*

Le maître T'A CORRIGÉ, *ou* CORRIGÉE, *si le pronom* TE *se rapporte à une femme.*

Mon neveu, je L'AI VU *se promener.*

Ma nièce, je L'AI VUE *rire.*

Vos cousins ne sont pas laborieux, je LES ai GRONDÉS.

Je suis content de vos cousines, je LES ai RÉCOMPENSÉES.

L'ennemi NOUS *a* FORCÉS *au combat.*

Mes amis, *votre courage* VOUS *a* SAUVÉS.

La LETTRE QUE *vous m'avez* ENVOYÉE *m'a fait plaisir.*

Les LIVRES QUE *vous m'avez* PRÊTÉS *sont intéressans.*

La PEINE QU'*a* EUE *mon frère.*

QUELS EFFORTS *n'a-t-il pas* FAITS!

QUELLES PEINES *n'a-t-il pas* ENDURÉES!

QUE DE MALHEURS, *ou* COMBIEN DE MALHEURS *n'a-t-il pas* ÉPROUVÉS!

3°. Quand les pronoms NOUS, VOUS, LEUR sont des régimes indirects, le participe passé ne s'accorde pas avec ces pronoms.

EXEMPLES :

Votre frère NOUS *a* DONNÉ *des livres.*

Votre sœur LEUR *a* PARLÉ.

C'est-à-dire, *votre frère a donné des livres* A NOUS; *votre sœur a parlé* A EUX.

4°. Quand le pronom EN est mis à la place du régime direct, le participe passé ne prend pas d'accord.

EXEMPLE :

Nous avons trouvé vos fruits très-bons, et nous EN *avons* MANGÉ *avec plaisir.*

(80)

5°. Les participes passés des verbes neutres, tels que, PARLÉ, DORMI, PU, PARU, PLU, LANGUI, etc., ne prennent pas d'accord, parce qu'on ne peut pas les conjuguer avec le verbe *être*, et dire : *je suis* PARLÉ, *je suis* PARU, etc.

EXEMPLES :

Ils nous ont PARU *malheureux, et nous leur avons rendu tous les services que nous avons* PU.

6°. Quand LE PEU DE est suivi d'un nom, il faut que le participe passé s'accorde en genre et en nombre avec ce nom.

EXEMPLES :

*Le peu d'*EMPRESSEMENT *que vous avez* EU.
*Le peu d'*EAU *que nous avons* BUE.
Le peu de SOLDATS *que j'ai* VUS.
Le peu de DÉMARCHES *que tu as* FAITES.

7°. Il faut faire accorder le participe passé, quand il est suivi d'un verbe à l'infinitif.

EXEMPLES :

L'actrice que j'ai ENTENDUE *chanter.*
Les soldats que j'ai VUS *marcher.*

Dans ces deux phrases, les participes passés s'accordent avec le nom qui les précède, parce qu'on peut en faire le régime direct du participe, et dire : *j'ai* ENTENDU L'ACTRICE *qui chantait; j'ai* VU LES SOLDATS *qui marchaient.*

EXCEPTION.

8°. Si le nom qui précède le participe passé est

le régime direct du verbe suivant, alors il n'y a point d'accord.

EXEMPLES :

L'ariette que j'ai ENTENDU *chanter.*
Les enfans que j'ai VU *punir.*
La conduite que j'ai RÉSOLU *de tenir.*

Dans ces exemples, les participes passés ne s'accordent pas avec les noms qui les précèdent, parce que ceux-ci ne sont pas le régime direct des participes, mais des verbes *chanter, punir* et *tenir,* et qu'on doit dire : *j'ai* ENTENDU CHANTER *l'ariette;* *j'ai* VU PUNIR *les enfans; j'ai* RÉSOLU *de* TENIR *la conduite;* et non pas, *j'ai* ENTENDU L'ARIETTE *qui chantait; j'ai* VU LES ENFANS *qui punissaient,* etc.

9°. Il en est de même du participe ENVOYÉ, suivi d'un infinitif.

La dame que j'ai ENVOYÉ *chercher.*

Point d'accord dans cette phrase, parce que *dame* est le régime du verbe *chercher;* on peut dire : *j'ai* ENVOYÉ CHERCHER *la dame.*

AUTRE EXEMPLE :

La servante que j'ai ENVOYÉE *chercher des livres.*

Accord dans cette phrase; le mot *servante* est le régime du participe *envoyé;* on pourrait dire : *j'ai* ENVOYÉ LA SERVANTE *chercher des livres.*

10°. Les participes passés LAISSÉ et FAIT, suivis d'un verbe à l'infinitif, restent toujours au singulier masculin.

EXEMPLES :

Votre sœur s'est LAISSÉ *tomber.*

Vos enfans n'étant pas dociles, je les ai FAIT *punir.*

§. Il y a néanmoins quelques grammairiens qui suivent à l'égard du participe *laissé* la règle indiquée pour les participes *vu* et *entendu.*

11°. Quand le verbe est *impersonnel*, le participe passé ne prend pas d'accord.

EXEMPLES :

*Les pluies qu'*IL Y A EU.

*Les chaleurs qu'*IL A FAIT.

CHAPITRE XX.
VINGTIÈME LEÇON.
L'Adverbe.

L'ADVERBE est un mot invariable qui se joint au verbe ou à l'adjectif, et qui indique la manière dont les choses se font.

Quand on dit : *cet enfant agit* PRUDEMMENT, *les soldats ont combattu* COURAGEUSEMENT : ces mots *prudemment, courageusement,* sont des adverbes, parce qu'ils indiquent la manière dont l'enfant agit, dont les soldats ont combattu.

La plupart des *adverbes* qui indiquent la manière viennent des adjectifs, et s'en forment en y ajoutant *ment;* comme *joliment, sagement, agréablement*, qui viennent des adjectifs *joli*, *sage*, *agréable*, etc.

Il y a des *adverbes* qui marquent le *nombre* et l'*ordre*, comme *premièrement*, *deuxièmement*, *d'abord*, *ensuite*, *puis*, *auparavant*.

D'autres *adverbes* marquent le *lieu*, comme, *où*, *ici*, *là*, *dedans*, *dehors*, *dessus*, *dessous*, *loin*, *auprès*, *ailleurs*, *partout*.

Les *adverbes* qui marquent la *quantité* sont : *beaucoup*, *peu*, *plus*, *davantage*, *moins*, *assez*, *tant*, *trop*, *aussi*, *autant*.

Les adverbes d'*affirmation* sont : *certes*, *oui*; ceux de *négation* sont : *non*, *ne pas*.

Enfin, il y a des *adverbes* de *temps*, comme, *hier*, *avant-hier*, *aujourd'hui*, *demain*, *autrefois*, *tout-à-l'heure*, *souvent*, *toujours*, *jamais*, etc.

CHAPITRE XXI.

VINGT-UNIÈME LEÇON.

La Préposition.

La préposition est un mot invariable qui se place devant les noms ou pronoms, et qui marque les différens rapports que les choses ont entre elles. Quand on dit : être *dans* la maison, travailler *pour* son instruction, la préposition *dans* marque le *lieu*, et *pour* indique le *but*.

Les *prépositions* qui marquent le LIEU sont :

à, chez, dans, de, devant, derrière, en, entre, parmi, sur, sous, vers.

Celles qui marquent l'ORDRE sont : *avant, après, dès, depuis.*

L'UNION : *avec, durant, pendant, outre, selon, suivant.*

LA SÉPARATION : *excepté, hors, hormis, sans.*

L'OPPOSITION : *contre, malgré, nonobstant.*

LE BUT : *concernant, envers, pour, touchant.*

LA CAUSE : *attendu, moyennant, par.*

La *preposition* se distingue facilement de l'*adverbe*, parce qu'elle précède ordinairement les noms, comme, *être* AVEC *un ami, marcher* CONTRE *l'ennemi, étudier* PENDANT *la nuit.*

CHAPITRE XXII.
VINGT-DEUXIÈME LEÇON.

La Conjonction.

LA *conjonction* est un mot *invariable* qui sert à lier les parties d'une phrase, et qui en commence ordinairement la seconde partie.

EXEMPLES :

Je ne suis pas venu, PARCE QUE *j'ai été occupé.*

Je vous écrirai, QUAND *j'en aurai le temps.*

Cet enfant travaille toujours, ET *ne se repose jamais.*

Ces mots *parce que, quand, et,* sont des *con-*

jonctions, parce qu'ils servent à lier la seconde partie de la phrase à la première.

Les *conjonctions* les plus usitées sont : *ainsi, car, cependant, comme, d'ailleurs, de plus, donc, et, mais, néanmoins, ni, or, ou, pourtant, quand, si, sinon, de même que, de sorte que, lorsque, parce que, puisque, tandis que, vu que.*

La *conjonction* la plus usitée est *que* : on la distingue du pronom relatif *que*, en ce qu'elle est ordinairement précédée d'un verbe, et qu'on ne peut pas la tourner par *lequel* ou *laquelle*.

EXEMPLES :

Je *crois que* vous riez; il *faut que* vous lisiez.

La plupart des *conjonctions* veulent à l'indica*tif* le verbe qui les suit; mais voici celles qui régissent le *subjonctif : afin que, à moins que, avant que, au cas que, de peur que, encore que, jusqu'à ce que, non pas que, pourvu que, quoique, sans que, si ce n'est que, soit que, supposé que.*

EXEMPLES :

Travaillez, *afin que* l'on ne vous *fasse* point de reproches.

Lisez, *quoique* vous *soyez* fatigué.

La *conjonction* QUE régit aussi le subjonctif, lorsqu'elle est précédée d'un *verbe* qui marque le doute, le désir, la crainte, ou la nécessité.

EXEMPLES :

Il FAUT QUE *vous* ALLIEZ *dans cette maison.*
Je DÉSIRE QUE *vous* RÉUSSISSIEZ.

CHAPITRE XXIII.
VINGT-TROISIÈME LEÇON.
L'Interjection.

L'INTERJECTION est un mot invariable qui sert à exprimer des transports de joie, de douleur, de crainte, etc.

Voici les interjections qui marquent la joie : *ah! bien! bon!*

La douleur : *aye! hélas!*

La crainte : *ha! hé! hé mon Dieu!*

L'aversion : *fi! fi donc!*

L'admiration : *oh! bravo!*

L'encouragement : *ça! allons! courage!*

L'avertissement : *gare! gare!*

Pour appeler : *holà! hé!*

Pour faire taire : *paix chut! silence!*

CHAPITRE XXIV.
VINGT-QUATRIÈME LEÇON.
Analyse des parties du discours.

POUR connaître parfaitement les parties du discours, il est bon d'en faire l'*analyse*, c'est-à-dire, de se rendre compte de l'espèce de chacun des mots qui entrent dans la composition d'une phrase.

EXEMPLE :

« *Calypso ne pouvait se consoler du départ*
« *d'Ulysse. Dans sa douleur, elle se trouvait*
« *malheureuse d'être immortelle. Sa grotte ne*
« *résonnait plus de son chant ; les nymphes qui*
« *la servaient n'osaient lui parler.* »

Il faut analyser de la manière suivante :

Calypso, nom propre féminin ; *ne*, adverbe ;
pouvait, verbe à la troisième personne du singulier de l'imparfait de l'indicatif du verbe *pouvoir* ;
se, pronom personnel ; *consoler*, verbe à l'infinitif présent ; *du* pour *de le*, article singulier masculin ; *départ*, nom singulier masculin ; *d'Ulysse*,
pour *de Ulysse*, *de*, préposition ; *Ulysse*, nom
propre. *Dans*, préposition ; *sa*, pronom possessif
féminin ; *douleur*, nom singulier féminin ; *elle*,
pronom personnel féminin ; *se*, pronom personnel féminin ; *trouvait*, verbe à la troisième
personne du singulier de l'imparfait de l'indicatif
du verbe *trouver* ; *malheureuse*, adjectif féminin ; *d'être* pour *de être*, *de*, préposition ; *être*,
verbe à l'infinitif présent ; *immortelle*, adjectif
féminin. *Sa*, pronom possessif féminin ; *grotte*,
nom singulier féminin ; *ne*, adverbe ; *résonnait*,
troisième personne du singulier de l'imparfait de
l'indicatif du verbe *résonner* ; *plus*, adverbe ; *de*,
préposition ; *son*, pronom possessif masculin ;
chant, nom singulier masculin ; *les*, article pluriel féminin ; *nymphes*, nom féminin pluriel ; *qui*,
pronom relatif ; *la*, pronom personnel féminin,

parce qu'il est devant un verbe; *servaient*, troisième personne du pluriel de l'imparfait de l'indicatif du verbe *servir*; *n'osaient* pour *ne osaient*; *ne*, adverbe; *osaient*, troisième personne du pluriel de l'imparfait de l'indicatif du verbe *oser*; *lui*, pronom personnel féminin; *parler*, verbe à l'infinitif présent.

Une phrase peut être également divisée en quatre membres, que l'on appelle, 1°. le *sujet* ou *nominatif*, 2°. le *verbe*, 3°. le *régime direct*, 4°. le *régime indirect*.

Le *sujet* ou *nominatif* répond à la question, *qui est-ce qui?* — Vient ensuite le *verbe*. — Le *régime direct* répond à la question, *qu'est-ce que?* — Le régime indirect répond aux questions, *à qui, de qui, par qui, à quoi, de quoi, par quoi?*

EXEMPLE :

Le maître nous donnera une récompense, parce que nous l'avons contenté.

1°. *Qui est-ce qui donnera?* — *Le maître* (Nominatif.)

2°. *Quel est le verbe?* — *Donnera.* (Verbe.)

3°. *Qu'est-ce que le maître donnera?* — *Une récompense.* (Régime direct.)

4°. *A qui le maître donnera-t-il une récompense?* — *A nous.* (Régime indirect.)

Parce que, *conjonction*; nous, *nominatif*; le, *régime direct*; avons contenté, *verbe.*

ABRÉGÉ DE SYNTAXE

ET DE LOGIQUE.

LE mot *syntaxe* signifie *construction*, *arrangement*; en effet, c'est l'art de réunir d'une manière précise et avec ordre les différents mots qui entrent dans la composition d'une phrase.

Une phrase ne peut renfermer que les dix sortes de mots qui composent notre langue et que l'on nomme les parties du discours; savoir: le *Nom* ou *Substantif*, l'*Article*, l'*Adjectif*, le *Pronom*, le *Verbe*, le *Participe*, l'*Adverbe*, la *Préposition*, la *Conjonction* et l'*Interjection*.

On appelle *sujet de la phrase* le nom ou le pronom qui précède ordinairement le verbe.

On appelle *complément* ou *terme* le nom ou le pronom qui suit le verbe. Ce complément est *direct* ou *indirect*; il est *direct*, quand il suit immédiatement le verbe.

EXEMPLE :

Nous aimons LE TRAVAIL.

Le complément est *indirect*, quand il est

8

séparé du verbe par une des trois prépositions
à, de, par.

EXEMPLES :

Nous nous adressons A VOUS.
J'ai parlé DE VOTRE PÈRE.
Il sera puni PAR LE MAÎTRE.

Un verbe peut être suivi de ses deux compléments.

EXEMPLES :

Le maître enseigne LA GRAMMAIRE AUX EN-
FANTS.
Votre sœur a reçu UNE LETTRE DE SON ONCLE.

Pour analyser grammaticalement les deux
phrases ci-dessus, il faut s'exprimer ainsi :
Le maître, *sujet ;* enseigne, *verbe ;* la grammaire, *complément direct ;* aux enfants, *complément indirect.*

Votre sœur, *sujet ;* a reçu, *verbe ;* une lettre,
complément direct ; de son oncle, *complément
indirect.*

Il faut remarquer que le sujet d'une phrase
répond toujours à la question *qui est-ce qui ;*
le complément direct à la question *qu'est-ce que,*
et le complément indirect aux questions *à qui,
de qui, par qui, à quoi, de quoi, par quoi ;*
ce qu'il est aisé de voir par les trois questions
suivantes.

Demande. *Qui est-ce qui enseigne.*
Réponse. *Le maître.*
D. *Qu'est-ce que le maître enseigne?*
R. *La grammaire.*

D. *A qui le maître enseigne-t-il?*
R. *Aux enfants.*

Les articles *du*, *de la*, *des*, et les noms qui les suivent, forment le *complément direct* du verbe, quand ils sont pris dans un sens partitif, et qu'ils répondent à la question *qu'est-ce que*.

EXEMPLES :

J'ai acheté DU PAPIER.
Tu as montré DE LA PATIENCE.
Il a reçu DES NOUVELLES.

Ces mêmes articles suivis d'un nom, au commencement d'une phrase, en forment le *sujet*, car ils répondent à la question *qui est-ce qui*.

EXEMPLE :

DU PAIN, DE L'EAU *et* DES LÉGUMES *me suffisent*.

Les pronoms *je*, *tu*, *il*, *elle*, *nous*, *vous*, *ils*, *elles*, *qui*, *on*, sont toujours *sujets* d'une phrase; mais à l'égard des pronoms *nous*, *vous*, il faut que le verbe suivant soit à la première ou à la seconde personne du pluriel; autrement ils seroient le régime du verbe.

EXEMPLES :

Je lis, *tu* cours, *il* chante, *elle* dort, *nous* croyons, *vous* jouez, *ils* ou *elles* étudient, *qui* vient là ? *on* parle.

Les pronoms *me*, *moi*, *te*, *toi*, *nous*, *vous*, *se*, sont des *compléments directs*, quand ils répondent à la question *qu'est-ce que*, et des *compléments indirects*, quand ils répondent aux questions *à qui*, *à quoi*.

EXEMPLES DU COMPLÉMENT DIRECT.

Il ME *connaît*, *louez-*MOI, *je* TE *récompenserai*, *garde-*TOI *bien*, *estimez-*NOUS, *réjouissez-*VOUS, *ils* SE *flattent.*

EXEMPLES DU COMPLÉMENT INDIRECT :

Elle ME *parle*, *donnez-*MOI, *je* TE *permets*, *achète-le-*TOI, *vendez-le-*NOUS, *il* VOUS *répond*, *ils* SE *nuisent.*

Les pronoms *le*, *la*, *les*, *que*, sont toujours compléments directs, et les pronoms *lui*, *leur*, *eux*, compléments indirects.

EXEMPLES :

Je LE *connais*, *je* LA *vois*, *je* LES *estime*, *le livre* QUE *je lis.*

Je LUI *parlerai*, *je* LEUR *donnerai*, *c'est* A EUX *que je parle*, *c'est* D'EUX *que je me plains.*

DU SUJET ET DE L'ATTRIBUT.

Il y a trois sortes de *sujets* ; le *sujet simple*, le *sujet composé*, et le *sujet complexe.*

Le sujet est *simple* quand il n'y a qu'un substantif singulier ou pluriel, qui précède *l'attribut.*

Le sujet est *composé*, quand plusieurs substantifs précèdent ledit attribut.

Le sujet est *complexe*, quand il est joint à un adjectif, ou à tout autre modificatif.

On appelle *attribut* l'adjectif qui suit le verbe être.

EXEMPLE

Cet enfant est SAGE.

On appelle encore *attribut* le VERBE qui suit le sujet, parce que chaque verbe renferme en lui-même son attribut, qui est *le participe présent* dudit verbe, joint au verbe substantif *être*, sous-entendu ; car *jouer*, *lire*, sont tout-à-fait synonymes de *être jouant*, *être lisant*.

L'*attribut* est *simple*, quand il consiste en un seul adjectif qui suit le verbe *être*, ou en un seul *verbe*.

EXEMPLES :

Dieu est JUSTE.
Le maître PARLE.

Juste est ici un *attribut simple*, parce qu'il consiste en un seul *adjectif*,

Parle, qui signifie *est parlant*, est aussi un *attribut simple*, parce qu'il consiste en un seul *participe présent*.

L'*attribut* est *composé*, quand il est formé de plusieurs adjectifs ou de plusieurs verbes.

EXEMPLES :

Cet homme est GRAND *et* NOBLE.
Votre fils LIT *et* ÉTUDIE.

L'*attribut* est *complexe*, quand il est suivi d'un complément, ou d'un modificatif.

EXEMPLES :

Ce livre est UTILE A LA JEUNESSE.
Nous avons ACHETÉ DES MAISONS.
Vos frères ont TOUJOURS RÉUSSI.

L'attribut *utile* est complexe, à cause de son modificatif *à la jeunesse ;* l'attribut *acheté*, mis pour *été achetant*, est complexe, à cause de son complément direct *des maisons;* et l'attribut *réussi* est aussi complexe, à cause de son modificatif *toujours*.

On appelle *modificatif*, 1.º *l'adjectif* joint à un substantif, comme un homme *prudent;* 2.º un *substantif* régi par un autre nom, comme le livre *de Pierre*, un vase *d'or*, un pot *à bière;* 3.º *l'adverbe* joint à un verbe, comme il parle *prudemment;* 4.º tout *nom* qui, précédé d'une préposition, tient lieu d'un adjectif ou d'un adverbe : un homme *sans cœur*, parler *avec hardiesse*.

On appelle *déterminatif* une expression d'une certaine étendue, composée pour le moins d'une préposition, suivie d'un substantif, et qui, selon l'espèce de préposition, désigne une circonstance de temps, de lieu, de manière, de but ou de cause.

EXEMPLES :

Il faut travailler POUR ACQUÉRIR DE LA GLOIRE.

Nous avons fait un long séjour DANS CETTE VILLE.

Pour la gloire détermine ici le *but; dans cette ville* est un déterminatif de lieu.

DES PROPOSITIONS.

La Proposition simple est celle qui a un seul sujet et un seul attribut.

EXEMPLES :

LES FRANÇAIS *sont* COURAGEUX.
NOUS *avons* TRIOMPHÉ.

La proposition composée est celle qui a plusieurs sujets, ou plusieurs attributs.

EXEMPLES :

LE PAIN ET L'EAU *sont nécessaires.*
La lecture INSTRUIT *et* AMUSE.
La proposition complexe est celle dont le
sujet ou l'attribut est complexe.

EXEMPLES :

Un ENFANT DOCILE *est aimé.*
Nous RESPECTONS *les personnes vertueuses.*

Dans le premier exemple *docile* est un *modificatif;* dans le second exemple, *les personnes
vertueuses* forment un complément direct :
donc les deux propositions ci-dessus sont com-
plexes.

On distingue encore dans une phrase la *proposition principale* et *la proposition incidente.*

La proposition principale est celle qui renferme le sens que l'on veut principalement
faire entendre.

La proposition incidente est celle qui sépare le sujet de la proposition principale d'avec
son attribut.

EXEMPLE :

Le maître, QUI EST JUSTE, *nous récompensera.*

Dans cette phrase, on a pour proposition
principale, *le maître nous récompensera;* et
pour proposition incidente, *qui est juste.*

Il y a deux sortes de propositions incidentes;
la proposition incidente explicative, et *la proposition incidente déterminative.*

La proposition incidente explicative est celle

qui explique simplement la propriété du sujet,
et qui n'en limite pas le sens.

EXEMPLE :

Les hommes, QUI SONT NÉS POUR SOUFFRIR,
doivent supporter leurs maux avec patience.

On parle dans cette phrase *des hommes en
général,* et l'on explique leur propriété, en
disant *qu'ils sont nés pour souffrir.*

La proposition incidente déterminative est
celle qui détermine, ou qui limite le sens du
sujet.

EXEMPLE :

Les hommes, QUI M'ONT PARLÉ HIER, *ne sont
pas mes amis.*

On ne parle pas ici *des hommes en général;*
mais on en limite la détermination à *ceux qui
m'ont parlé hier.*

Les *propositions partielles* sont celles qui
commencent par une conjonction.

EXEMPLES :

Je ne suis pas venu, PARCE QUE J'AI ÉTÉ
MALADE. SI VOUS VENEZ, *vous me ferez plaisir.*

Une *phrase* est *absolue* ou *complète,* lorsque les différentes propositions dont elle est
composée, forment entr'elles un sens fini et
complet.

═══════════════════════════════════

ESSAI D'ANALYSE LOGIQUE.

*Les Tyriens, par leur fierté, avaient irrité
contre eux le grand roi Sésostris, qui régnait
en Égypte, et qui avait conquis tant de
royaumes. Les richesses qu'ils ont acquises*

par le commerce, et la force de l'imprenable ville de Tyr, située dans la mer, avaient enflé le cœur de ces peuples. Ils avaient refusé de payer à Sésostris le tribut qu'il leur avait imposé en revenant de ses conquêtes, et ils avaient fourni des troupes à son frère, qui avait voulu le massacrer à son retour, au milieu des réjouissances d'un grand festin.

Il faut analyser de la manière suivante :

PREMIÈRE PHRASE.

Les Tyriens, par leur fierté, avaient irrité contre eux le grand roi Sésostris, qui régnait en Egypte, et qui avait conquis tant de royaumes.

Les Tyriens, SUJET de la proposition principale : ce sujet est *simple*, parce qu'il consiste en un seul nom.

Par leur fierté, DÉTERMINATIF qui indique la cause.

Avaient irrité ou *été irritant*, ATTRIBUT SIMPLE, parce qu'il consiste en un seul verbe, ou participe présent : cet attribut est en outre COMPLEXE, à cause du déterminatif, *par leur fierté*.

Contre eux, second DÉTERMINATIF qui marque l'opposition.

Le grand roi Sésostris, COMPLÉMENT DIRECT de l'attribut *avaient irrité*.

Qui régnait en Egypte, et qui avait conquis tant de royaumes. Ces deux propositions sont deux *modificatifs*, et non pas deux *propositions incidentes*, parce que le relatif *qui* ne sépare pas le sujet de la proposition principale d'avec son attribut ; mais elles modifient le complément direct *Sésostris.* L'on peut cependant continuer d'en faire ainsi l'analyse :

Qui, SUJET SIMPLE, relatif à Sésostris.

Régnait pour *était régnant*, ATTRIBUT SIMPLE, mais COMPLEXE, parce qu'il a pour déterminatif de lieu *en Egypte.*

·*Et qui*, SUJET SIMPLE, relatif à Sésostris.

Avait conquis, pour *avait été conquérant*, ATTRIBUT SIMPLE, mais COMPLEXE, à cause de son complément direct, *tant de royaumes.*

Cette première phrase n'offre donc qu'une proposition générale absolue.

2.e PHRASE.

Les richesses, qu'ils ont acquises par le commerce, et la force de l'imprenable ville de Tyr, située dans la mer, avaient enflé le cœur de ces peuples.

Les richesses, SUJET de la proposition principale; ce *sujet* est *composé* et *complexe :* il est *composé*, parce qu'il est joint à un second sujet, *la force ;* il est *complexe*, parce que le mot suivant commence une phrase incidente.

Que, COMPLÉMENT DIRECT de l'attribut *ont acquises.*

Ils, SUJET SIMPLE de la proposition incidente.

Ont acquises, ATTRIBUT SIMPLE, mais COMPLEXE, à cause du déterminatif de cause *par le commerce.*

Et la force, SUJET COMPOSÉ et COMPLEXE. Il est *composé* parce qu'il fait suite au premier sujet, *les richesses ;* il est *complexe* à cause de son modificatif, *de l'imprenable ville de Tyr, située dans la mer*

Avaient enflé, ATTRIBUT SIMPLE, parce qu'il n'y a qu'un verbe; cet attribut est en outre COMPLEXE, à cause de son complément direct, *le cœur de ces peuples.*

On remarque dans cette seconde phrase deux propositions, une principale absolue, et une incidente déterminative.

3.ᵉ PHRASE.

Ils avaient refusé de payer à Sésostris le tribut qu'il leur avait imposé en revenant de ses conquêtes, et ils avaient fourni des troupes à son frère, qui avait voulu le massacrer à son retour, au milieu des réjouissances d'un grand festin.

Ils, SUJET SIMPLE de la proposition principale.

Avaient refusé ou été refusant, ATTRIBUT SIMPLE, parce qu'il n'y a qu'un verbe; mais COMPLEXE, parce qu'il a pour complément direct *de payer à Sésostris le tribut.*

Qu'il leur avait imposé en revenant de ses conquêtes. Cette proposition est le MODIFICATIF de *tribut.*

Et ils, SUJET SIMPLE de la *proposition partielle.*

Avaient fourni ou *été fournissant*, ATTRIBUT SIMPLE, parce qu'il n'y a qu'un verbe, mais COMPLEXE, parce qu'il est suivi du complément direct *des troupes*, et du complément indirect *à son frère.*

Qui avait voulu le massacrer à son retour, au milieu des réjouissances d'un grand festin.

Cette proposition doit être regardée comme

le MODIFICATIF de *frère*; car le relatif *qui* se rapporte à *frère*, et ne sépare pas le sujet *ils*, tenant la place de *Tyriens*, d'avec son attribut : si l'on continuait de faire l'analyse de cette proposition, ce seroit ainsi :

Qui, SUJET SIMPLE, parce qu'il se rapporte à un seul substantif.

Avait voulu, ATTRIBUT SIMPLE, parce qu'il n'y a qu'un verbe; mais COMPLEXE, 1.° à cause de son complément direct *le massacrer*; 2.° de son déterminatif de temps, *à son retour*; 3.° à cause de son déterminatif de lieu, *au milieu des réjouissances d'un grand festin.*

Il existe dans cette dernière phrase une proposition générale et une proposition partielle.

RECUEIL

DE LOCUTIONS VICIEUSES

LES PLUS USITÉES.

Des vrais amis sont rares.

Nous avons reçu de bons et mauvais conseils.

Ces enfants, tous instruits qu'ils sont, commettent encore des fautes.

Tout riche que soit votre frère, il est malheureux.

Telle que soit sa force, je ne le crains pas.

Il jouit de mille francs par an, sa vie durante.

Son courage et sa patience lui sera utile.

Ton frère ou ta sœur viendront demain.

L'un ou l'autre seront punis.

L'un et l'autre m'a parlé de vous.

Le malheur où m'a réduit ma faiblesse et ma crédulité.

(102)

L'homme et la femme à laquelle j'ai parlé.

Je suis un de ceux qui a le mieux travaillé.

C'est une chose à quoi je ne m'attendois guère.

Il est le plus riche et heureux des hommes.

C'est vos amis que j'ai rencontrés hier.

C'est eux qui m'ont maltraité.

Un homme qui ne pense qu'à soi est indigne de vivre.

Cette chambre est belle, j'admire son ameublement.

Votre frère a mal à sa main.

C'est une affaire de qui dépend mon sort.

C'est de vous dont j'ai parlé.

C'est à vous à qui je dois mon salut.

Il faut rendre à chacun ce qui leur appartient.

Ils ont payé chacun ses dettes.

Est-il venu personne me demander ?

Ils se nuisent les uns les autres.

Nous avons été forcés à le renvoyer.

Vous avez bien tardé de faire votre ouvrage.

Votre sœur fut bien malade cette semaine.

Elle vint nous voir aujourd'hui.

Je voudrais que vous lui parliez.

Il faudrait que vous veniez de suite.

Il a voulu que je sorte avant lui.

Plût à Dieu que vous soyez heureux.

Je désirerais que cet enfant m'obéisse.

Il serait à propos que vous y alliez vous-même.

Vous et moi serions heureux, si nous le voulions.

C'est vous et votre cousin qui m'ont frappé.

Croyez-vous que votre frère est votre ami ?

Je ne crois pas qu'il l'est.

Le plus sage parti que vous avez à prendre, c'est de rester tranquille.

Quel est l'homme qui peut penser ainsi ?

Je ne connais personne qui veut m'imiter.

Il est le seul qui a osé répondre.

Il n'y a rien qui peut le consoler.

Il y a quatre ans que je l'ai vu.

Je crains que le maître vienne.

Fuyez, de peur qu'il vous arrête.

Je l'estime plus que vous le pensez.

Il me protège moins que vous le croyez.

Peu s'en faut que je succombe.

Je ne doute pas que vous réussissiez.

Je crois et croirai toujours que vous avez tort.

Ma sœur passera la belle saison en campagne, et moi je resterai en ville.

Vous lisez beaucoup, aussi vous deviendrez savant.

Quand on lui parloit, à peine il daignait répondre.

Peut-être il viendra demain.

Je suis allé vous voir, mais vous étiez sorti.

Votre frère ira chez moi la semaine prochaine.

Je ne viendrai pas chez vous.

Cette personne a échappé au danger qui la menaçait.

Nous aimons beaucoup travailler.

Il aime mieux à jouer qu'à lire.

Sa faiblesse est cause qu'il s'est mal trouvé hier.

Il trouve mal tout ce qu'on lui dit.

Votre livre est dessus la table.

Vos souliers sont dessous le lit.

Nous avons passé à travers des ennemis.

Ils étoient placés à l'entour du trône.

Je l'estime davantage que vous.

Il étoit prêt à tomber, quand je l'ai retenu.

Il m'a prié de dîner demain chez lui.

Peut-être pourra-t-il réussir.

Votre frère a consommé sa vie dans la paresse.

Une vingtaine d'hommes aura bientôt construit cette maison.

Les ennemis attaquèrent et s'emparèrent du camp.

L'air noble de cet homme en impose.

Cette dame est studieuse, et la sera toujours.

Ce général commande à toutes les troupes.

Ils sont montés et descendus promptement l'escalier.

(105)

Le cortége est passé dans notre rue.

Il a imité l'exemple de ses ancêtres.

Je vous prie de m'éviter cette peine.

Ce livre est dangereux, méfiez-vous de lui.

Je vous parlerai, avant que de sortir.

Je vous observe que vous vous trompez.

Il a tombé beaucoup de grêle.

Mon ouvrage est plus qu'à moitié fait.

Je suis arrivé auparavant lui.

Tant pire pour votre frère.

Tant qu'à vous, vous agissez mal.

Je vous demande excuse de mon étourderie.

Cette personne a l'air bien douce.

Je ne m'en rappelle nullement.

Ils se sont en allés fort tard.

Les grandes chaleurs qu'il a faites cet été.

CACOGRAPHIE,

ou

RECUEIL DE MOTS ÉCRITS

CONTRE

LES RÈGLES DE L'ORTHOGRAPHE.

Nota. Les fautes sont écrites en caractères italiques.

Quand l'*istoire* seroit *inutille* aux autres *ho-mes, il fodrait l'affaire* lire aux *prince :* il *ni* a pas de *melieur* moyen de *leurs* découvrir *se* que *peuve* les *pasions* et les *intérès,* les temps et les *conjontures,* les bons et les *movais conseiles.* Les *istoires* ne *son composés* que des actions qui les *occupes,* et *tous* semble y être fait pour leur usage. Si *l'expériance leurs* est nécessaire pour *aquérir* cette *prudance* qui fait bien *rei-gner,* il *n'ait* rien de plus *utille* à leur *intruc-*

tion que de joinde aux *examples* des *siècle pa-
sés* les *expériances* qu'il font *tout* les jours. Au
lieu *qu'ordinèrement* ils *n'aprennent* qu'au
dépends de *leur* sujets et de leur propre gloire
à *jugé* des *afaires dengereuses* qui leur *arrive*;
par le *secoure* de *l'istoire* ils *formé* leur *juje-
ment*, *s'en* rien *asarder*, sur les *évènemans
passé*. Lorsqu'ils *voie* jusqu'aux *visses* les plus
cachez des princes, malgré les *fosses louenges*
qu'on *leurs* donne *pandant* leur vie, *expausés*
aux *ieux* de *tout* les *homes*, ils ont *onte* de la
veine joie que *leurs* cause la *flaterie*, et ils *con
nessent* que la *vrait* gloire ne *peu s'accordé*
qu'avec le mérite.

D'alieurs il seroit *onteux*, je ne dis pas à
un prince, *mes en générale* à tout *onnête home*,
d'ignoré le *jenre humin*, et les *chengements*
mémorables que la *suitte* des temps a *fait* dans
le monde. Si on *n'aprend* de l'histoire à *distingué* les temps, on *représantera* les *homes
sou* la loi de nature, ou *sou* la loi *écritte*, tel
qu'ils *sont* sous la loi *évengélique*; on parlera
des Perses *vincus* sous Alexandre, *come* on parle
des Perses *victorieus* sous Cyrus; on fera la
Grèce *ausi* libre du *tant* de Philippe que du
tant de Thémistocle et de Miltiade; le peuple
romain *ausi fiere* sous les *enpereurs* que sous

les *consules*; *l'églize ausi trenquille* sous Dioclétien que sous Constantin, et la France *agité* de *guerre civilles* du *tant* de Charles IX et de Henri III, *ausi puisante* que du *tant* de Louis XIV où, *réuni* sous un si grand roi, *seul* elle *trionfe* de toute l'Europe.

Cet, monseigneur, pour *évité* ces *inconvéniants*, que vous avez *lus* tant *d'istoires enciennes* et modernes. Il a *falu* avant *toute* choses, vous faire lire dans *l'écritur l'istoire* du peuple de Dieu, qui *fais* le *fondemant* de la *relligion*. On ne vous a pas *lessé* ignorer *l'istoire* grecque, *n'y* la romaine; et ce qui vous *étois* le plus *important*, ou vous a *montrés* avec *soins l'istoire* de *se* grand *roiaume* que vous *éte* obligé de rendre *eureux*.

Mais de *peure* que ces *istoires* et celles que vous avez encore à *aprendre*, ne se *confondes* dans votre *esprie*, il *ni* a rien de plus *nécesaire* que de vous *réprésanter distintement*, mais en *racourci*, *toutes* la *suitte* des *ciècles*.

Cette *manierre d'istoire universel* est, à *l'égare* des *istoires* de chaque *païs* et de chaque peuple, ce qu'est une carte *généralle* à *l'égare* des cartes *particulière*. Dans les cartes *particuliaires* vous *voyé* tout le *détaille* d'un *royome* ou d'une province en elle-même : dans les cartes *universels* vous *aprenez* à situer ces *partis* du monde dans leur tout : vous voyez *se* que Paris est dans le *roiaume*, *se* que le *roiaume* *et* dans l'Europe, et *se* que l'Europe *et* dans *l'univert*.

Insi les *istoires* particulières *représentes* la *suitte* des *chauses* qui sont *arrivés* à un peuple dans tous leurs *détaille* : mais *affin* de tout *entandre*, il faut savoir le *raport* que chaque *istoire* peut avoir avec les *otres* ; ce qui *ce* fait par un *abbrégé* où l'on *voie come* d'un *coud'œil tous* l'ordre des temps.

Un *telle abbrégé*, *Monségneur*, vous propose un grand *spettacle*. Vous voyez *tout* les *ciècles* précédents se *déveloper*, pour ainsi dire, en *peut* d'heures devant vous : vous voyez *come* les empires se *succède* les *un* aux autres, et comme la *relligion* dans ses *différants* états se *soutien égallement* depuis le commencement du monde jusqu'à notre temps.

Cet la *suitte* de ces deux *chauses*, je *veut* dire celle de la *relligion* et celle des empires, que vous devez *imprimé* dans votre *mémoîr*, et *come* la *relligion* et le gouvernement *politic* sont les deux *point* sur *lesquelles roullent* les *chauses umaines*, voir *se* qui regarde *ces chauses*

renfermés dans un *abbrégé*, et en découvrir par *se* moyen *tous* l'ordre et toute la
suitte, c'est *comprandre* dans cette *pansée*
tous ce qu'il y a de grand *parmis* les *homes*,
et tenir, pour *insi* dire, le *file* de *toute* les
afaires de l'*univert*.

Come donc en considérant une carte *universele*, vous *sortés* du pays où vous *éte* né, et du
lieue qui vous renferme, pour parcourir toute
la *taire* habitable que vous *enbrassez* par la
pansée avec toutes ses *meres* et tous ses *pais*,
insi en considérant l'abrégé *cronologique*,
vous *sortez* des bornes *étroite* de votre âge, et
vous vous *étandez* dans *tout* les siècles.

Mais de même que, pour aider sa *mémoir*
dans la *connessance* des lieux, on *retien* cer-
taines villes *principale*, autour *desquels* on
plasse les autres, chacune selon sa *distence*,
insi dans l'ordre des *ciècles* il faut avoir *certins*
temps marqués par quelque grand *évènemant*
auquel on *raporte* tout le reste.

Cet ce qui *s'appelle* époque, d'un mot grec
qui *signifit s'arêter*, *parse* qu'on *s'arête* là
pour considérer *come* d'un lieu de repos *tous*
ce qui est *arivé* devant ou après, et éviter par
ce *moien* les anachronismes, *cet*-à-dire cette
sorte d'erreur qui *fais* confondre les temps.

Il faut *d'abort s'àtacher* à un petit nombre d'époques , *tel* que sont dans les temps de l'*istoire ancienne :* la création , le déluge , la vocation d'Abraham , Moïse , la prise de Troie , Salomon , Romulus , Cyrus , Carthage *vincue* , la *nessance* de Jésus-Christ , Constantin , Charlemagne , ou l'*établisement* dú nouvel empire.

Je vous donne l'*établisement* du nouvel empire sous Charlemagne *come* la fin de l'*istoire anciène* , parce que *cet* là que vous *verez* finir tout-à-fait l'*ansien* empire romain : *cet* pourquoi je vous *aréte* à un point *s'y* considé-rable de l'*istoire universele.* La *suitte* vous en sera *proposé* dans une *segonde* partie , qui vous *menerat* jusqu'au siècle que nous voyons *ilustré* par les actions *immortels* du roi votre père , et auquel l'ardeur que vous *témoigné* à suivre un si grand *example* , fait *encor* espérer un *nouvau* lustre.

Après vous avoir *espliqué* en général le *dessin* de *cette* ouvrage , j'ai trois *chose* à faire pour en *tiré* toute l'utilité que *j'espaire.*

Il faut *premièremant* que je *parcours* avec vous les *épocques* que je vous propose , et que, vous marquant en peu de *mot* les *principeaux évènemants* qui *doive* être *attaché* à chacune d'elles , *j'acoutume* votre esprit à *mètre* ces *évènemants* dans léur place , sans y *regardé* autre *chause* que l'ordre des temps. Mais *come* mon intention *principal* est de vous faire *observé* dans cette *suitte* des temps celle de la *relligion* et celle des grands empires , après avoir fait *aler* ensemble , selon le *cour* des années , les faits qui *regarde* ces deux choses , je reprendrai en particulier avec les *réflections nécessaires*, ceux qui nous font *entandre* la *duré* perpétuele de la *relligion*, et enfin ceux qui nous *découvre* les *coses* des grands *chengemens arivés* dans les empires.

Après cela, quelque *parti* de *l'istoire encienne* que vous lisiez, *tous* vous tournera à *profi*. Il ne se passera aucun *faits don* vous *n'aperceviez* les *conséquances*. Vous *admirerai* la *suitte* des *conseilles* de Dieu dans les *afaires* de la *relligion ;* vous *verez aussi l'enchènement* des *afaires* humaines , et par-là vous *conaîtrez* avec combien de *réflection* et de *prévoyence* elles *doive* être *gouvernés*.

~~~~~~

MOTS HOMONYMES

LES PLUS USITÉS DE LA LANGUE FRANÇAISE

ET MANIÈRE DE LES ÉCRIRE SELON LEUR DIFFÉRENTE SIGNIFICATION.

A. *Troisième personne du singulier du verbe* avoir. Il a beaucoup de talens.

A. *Préposition.* Je vais à Paris.

AI. *Verbe.* Moi qui *ai* vu.

EST. *Verbe.* Cet enfant *est* sage.

ET. *Conjonction.* Vous *et* moi.

AMANDE. *Nom.* Manger des *amandes*.

AMENDE. *Nom.* Payer une *amende*.

AN. *Nom.* Il y a un *an* que je vous ai vu.

EN. *Prép.* Être *en* bonne compagnie.

ANCRE. *Nom.* Les vaisseaux sont à l'*ancre*.

ENCRE. *Nom.* De l'*encre* pour écrire.

AU. *Article.* Aller *au* spectacle.

EAU. *Nom.* Boire de l'*eau*.

HAUT. *Adjectif.* Un bâtiment très-*haut*.

OS. *Nom.* Ronger un *os*.

AUTEL. *Nom.* Sacrifier sur l'*autel*.

HOTEL. *Nom.* Demeurer dans un *hôtel*.

BAL. *Nom.* Aller au *bal*.

BALLE. *Nom.* Jouer à la *balle*.

BONHEUR. *Nom.* Avoir du *bonheur*.

BONNE HEURE. *Adverbe.* Vous êtes venu de *bonne heure*.

CE. *Pron. démonst.* Ce livre est intéressant.

SE. *Pron. pers.* Il *se* loue.

10
~~~~~~

CET. *Pron. démonst. Cet* homme est bon.

ces. *Pron. démonst. Ces* livres sont instructifs.

c'est. *Pron. et verbe. C'est* un grand malheur.

ses. *Pron.-poss. Sa* femme et *ses* enfans sont venus.

s'est. *Pron. pers. et verbe.* Il *s'est* loué.

sept. *Nom de nombre. Sept* cents hommes.

CENT. *Nom de nombre.* Une somme de *cent* francs

sang. *Nom.* Mon *sang* a coulé.

sans. *Prép.* Je serais tombé *sans* vous.

sens. *Nom.* N'avoir pas le *sens* commun.

sent. *Verbe.* Il *sent* qu'il est coupable.

s'en. *Deux pronoms.* Il *s'en* est repenti.

CEINT. *Participe.* Le front *ceint* de lauriers.

cinq. *Nom de nombre.* Une pièce de *cinq* francs.

sain. *Adjectif.* Un corps *sain* et robuste.

saint. *Adj.* Un homme dévot et *saint.*

sein. *Nom.* Le *sein* de la terre.

seing. *Nom.* Apposer son *seing.*

CÈNE. *Nom.* La sainte *cène.*

saine. *Adj.* Une personne *saine.*

seine. *Nom propre.* La *Seine* coule en Bourgogne.

scène. *Nom.* Une *scène* de spectacle.

CENSÉ. *Adjectif.* Il est *censé* fou.

sensé. *Adj.* Un homme *sensé* et raisonnable.

CHAINE. *Nom.* Une *chaîne* de montre.

chêne. *Nom.* Du bois de *chêne.*

CHAIR. *Nom.* De la *chair* de mouton.

chaire. *Nom.* Une *chaire* de prédicateur.

cher. *Adj.* Mon *cher* père.

chère. *Nom.* Faire bonne *chère.*

CHAMP. *Nom.* Cultiver un *champ.*

chant. *Nom.* Le *chant* des oiseaux.

CI. *Adverbe. Ci*-joint. Ce livre-*ci.*

si. *Adv.* Il est *si* méchant qu'on le craint.

S'Y. *Pron.* et *adv.* Votre frère *s'y* est trouvé.

SCIE. *Nom.* Couper avec la *scie*.

CLAIR. *Adj.* Il fait *clair*.

CLERC. *Nom.* Un *clerc* d'avoué.

COMPTANT. *Adj.* De l'argent *comptant*.

CONTENT. *Adj.* Je suis *content*.

COMPTE. *Nom.* Régler un *compte*.

COMTE. *Nom.* Monsieur le *comte*.

CONTE. *Nom.* Réciter un *conte*, une fable.

CŒUR. *Nom.* Avoir le *cœur* sensible.

CHŒUR. *Nom.* Un *chœur* de musique.

COR. *Nom.* *Cor* de chasse. *Cor* aux pieds.

CORPS. *Nom.* Le *corps* de l'homme.

COU. *Nom.* Avoir mal au *cou*.

COUD. *Verbe.* Elle *coud* fort bien.

COUP. *Nom.* Recevoir un *coup*.

COUR. *Nom.* Se promener dans la *cour*.

COURS. *Nom.* Le *cours* de la rivière.

COURT. *Adj.* Un ruban *court*.

DANS. *Prép.* Être *dans* la maison.

D'EN. *Prép.* et *pron.* Je viens *d'en* parler.

DENT. *Nom.* Arracher une *dent*.

DATE. *Nom.* La *date* d'une lettre.

DATTE. *Nom.* Manger des *dattes*.

DES. *Article.* Le nombre *des* spectateurs était grand.

DÈS. *Prép.* *Dès* la pointe du jour.

DÉSIR. *Nom.* Mon *désir* est insatiable.

DÉSIRE. *Verbe.* Je *désire* fort de vous voir.

DESSEIN. *Nom.* J'ai formé le *dessein*, le projet.

DESSIN. *Nom.* Apprendre le *dessin*, à dessiner.

DOIGT. *Nom.* Montrer au *doigt*.

DOIT. *Verbe.* Il me *doit* beaucoup.

DON. *Nom.* Faire un *don* à quelqu'un.

DONC. *Adv.* Travaillez *donc.*

DONT. *Pron.* La personne *dont* je parle.

DU. *Article.* Le conseil *du* maître.

DU. *Participe.* Il m'est *dû* beaucoup.

ENVI. *Adv.* Travailler à l'*envi* l'un de l'autre.

ENVIE. *Nom.* Porter *envie* à quelqu'un.

FACE. *Nom.* La *face* d'un bâtiment.

FASSE. *Verbe.* Je veux qu'il *fasse* son ouvrage.

FAIM. *Nom.* Avoir *faim.*

FIN. *Adj.* Du linge *fin.*

FEINT. *Part.* Il a *feint* d'être malade.

FAIRE. *Verbe. Faire* du bien à tout le monde.

FER. *Nom.* Des mines de *fer.*

FAUX. *Adj.* Cet homme est *faux.*

FAUT. *Verbe.* Il *faut* m'écouter.

FOI. *Nom.* Ajouter *foi* aux paroles de quelqu'un

FOIE. *Nom.* Du *foie* de veau.

FOIS. *Nom.* Je ne l'ai vu qu'une *fois.*

FOUET. *Nom.* Donner des coups de *fouet.*

GENS. *Nom.* Fréquenter les *gens* de bien.

JEAN. *Nom.* La fête de la Saint-*Jean.*

J'EN. *Pron. et adv. J'en* viens.

GRACE. *Nom.* Accorder une *grâce* à quelqu'un.

GRASSE. *Adj.* Une personne *grasse.*

GUÈRE. *Adv.* Il n'a *guère* de talens.

GUERRE. *Nom.* Faire la *guerre.*

HORS. *Prép.* Mettre *hors* de la maison.

OR. *Nom.* Avoir de l'*or.*

LA. *Article. La* table que j'ai achetée.

L'A. *Pronom et verbe.* Votre frère *l'a* rencontré.

LA. *Adv.* Arrêtez-vous *là.*

LAS. *Adj.* Je suis très-*las.*

LEUR. *Pron. pers.* Je *leur* donnerai un livre.

LEURS. *Pron. poss. Leurs* enfans sont instruits.

L'HEURE. *Nom. L'heure* a sonné.

LIEU. *Nom.* Un *lieu* solitaire.

LIEUE. *Nom.* J'ai fait une *lieue* de chemin.

MA. *Pronom poss. Ma* chambre est petite.

M'A. *Pronom et verbe.* Il *m'a* vu.

MAT. *Nom.* Un *mât* de vaisseau.

MAIRE. *Nom.* Le *maire* d'une ville.

MER. *Nom.* Voyager sur *mer.*

MÈRE. *Nom.* Ma *mère* est malade.

MAI. *Nom.* Le mois de *mai* est beau.

MAIS. *Conj.* Ce n'est pas lui, *mais* vous.

MES. *Pron. poss. Mes* enfans sont malades.

M'EST. *Pronom et verbe.* Votre lettre *m'est* agréable.

METS. *Nom.* Manger un bon *mets.*

MET. *Verbe.* Il *met* toute sa confiance en moi.

MAITRE. *Nom.* Le *maître* est venu.

MÈTRE. *Nom.* Mesurer avec un *mètre.*

METTRE. *Verbe.* Il faut y *mettre* son application.

MOI. *Pronom pers.* Donnez-*moi* cela.

MOIS. *Nom.* Je vous ai vu le *mois* passé.

MOU. *Adj.* Un homme *mou* et efféminé.

MOUE. *Nom.* Faire la *moue*

NI *Conjonction. Ni* vous, *ni* moi.

N'Y. *Deux adv.* Il *n'y* a pas été.

NID. *Nom.* Un *nid* d'oiseaux.

NOTRE. *Pronom poss. Notre* livre est instructif.

NÔTRE. *Pronom poss.* Ce livre est le *nôtre.*

ON. *Pronom indéfini. On* vous a demandé.

ONT. *Verbe.* Ils *ont* terminé leur ouvrage

OU. *Conj.* Vous *ou* votre frère.

OU. *Adv. Où* allez-vous ?

PAIN. *Nom.* Manger du *pain.*

PEINT. *Participe.* Ce portrait est bien *peint.*

PIN. *Nom.* Un lieu ombragé de *pins.*

PAIR. *Nom.* Un *pair* d'Angleterre.

PAIRE. *Nom.* Une *paire* de souliers.

PERDS. *Verbe.* Je *perds* ma fortune.

PÈRE. *Nom.* Être bon *père* de famille.

PANSER. *Verbe. Panser* une blessure.

PENSER. *Verbe.* Je vous prie de *penser* à moi.

PAR. *Préposition. Par* mon ordre.

PARS. *Verbe.* Je *pars* aujourd'hui.

PART. *Nom.* Avoir *part* à quelque chose.

PARTI. *Nom.* Prendre le *parti* de quelqu'un.

PARTIE. *Nom.* Il m'en faut une *partie.*

PEAU. *Nom.* Avoir la *peau* rude.

POT. *Nom.* Chauffer de l'eau dans un *pot.*

PEU. *Adverbe.* Il y avait *peu* de monde.

PEUX. *Verbe.* Je *peux* vous rendre service.

PEUT. *Verbe.* Il *peut* m'obliger.

PLAINE. *Nom.* Marcher dans une *plaine.*

PLEINE. *Adject.* Une bouteille *pleine* d'eau.

POIDS. *Nom.* Un *poids* de cent livres.

POIS. *Nom.* Gros comme un *pois.*

POIX. *Nom.* Enduire de *poix.*

POING. *Nom.* Des coups de *poing.*

POINT. *Adv.* Je ne vous écoute *point.*

PRÈS. *Adv.* Nous sommes *près* de la ville.

PRÊT. *Adj.* Je suis *prêt* à vous obéir.

QUAND. *Conjonction. Quand* il eut parlé.

QUANT. *Adv. Quant* à vous, *quant* à moi.

QU'EN. *Conj.* et *pron.* Il ne fait *qu'en* parler.

CAMP. *Nom.* Le *camp* des ennemis a été pris.

QUEL. *Pronom masc. interrog. Quel* homme ?

QUELLE. *Pronom fém. interrog. Quelle* femme ?

QU'ELLE. *Conj.* et *pron.* On dit *qu'elle* a réussi.

RAISONNER. *Verbe.* Cette personne *raisonne* bien.

RÉSONNER. *Verbe*. Les forêts *résonnent* de nos cris.

RANG. *Nom*. Occuper un *rang* distingué.

REND. *Verbe*. Il *rend* service à ses amis.

ROC. *Nom*. Un *roc* escarpé.

ROCH. *Nom*. L'église de Saint-*Roch*.

SALE. *Adj*. Une personne *sale*.

SALLE. *Nom*. Une *salle* à manger.

SAUT. *Nom*. Faire un *saut*.

SCEAU. *Nom*. Appliquer un *sceau*, un cachet.

SEAU. *Nom*. Porter de l'eau dans un *seau*.

SOT. *Adj*. Un enfant *sot*.

SEL. *Nom*. Mettre du *sel* dans les mets.

SELLE. *Nom*. Une *selle* de cheval.

SEREIN. *Adj*. Un temps calme et *serein*.

SERIN. *Nom*. Ce *serin* chante bien.

SON. *Pronom poss*. *Son* frère est malade.

SONT. *Verbe*. Ils *sont* venus me voir.

SOU. *Nom*. N'avoir pas le *sou*.

SOUL. *Adj*. Un homme *soûl*.

SOUS. *Prép*. Être *sous* la table.

SUR. *Prép*. S'asseoir *sur* un banc.

SUR. *Adj*. Avoir un domestique *sûr*.

TA. *Pron. poss*. *Ta* lettre m'a fait plaisir.

T'A. *Pron. et verbe*. Il *t'a* remis un livre.

TAS. *Nom*. Un *tas* de paresseux.

TAIRE. *Verbe*. Il faut se *taire*.

TERRE. *Nom*. La *terre* est ronde.

TANT. *Adv*. Il a *tant* travaillé que.....

TEMPS. *Nom*. Le *temps* me presse.

T EN. *Deux pronoms*. Tu *t'en* repentiras.

TEND. *Verbe*. Il vous *tend* des piéges.

TANTE. *Nom*. Ma *tante* est malade.

TENTE. *Nom*. Une *tente* de camp.

TES. *Pron. poss*. *Tes* défauts sont grands.

T'EST. *Pron.* et *verbe.* Ma lettre *t'est* parvenue.

TIRANT. *Participe.* Une étoffe *tirant* sur le bleu.

TYRAN. *Nom.* Un *tyran* exécrable.

TOI. *Pron. pers.* C'est *toi* qui es coupable.

TOIT. *Nom.* Demeurer sous le même *toit.*

TORT. *Nom.* Faire *tort* à quelqu'un.

TORD. *Verbe.* Il *tord* la bouche.

TOUT. *Pronom. Tout* le monde en convient.

TOUX. *Nom.* Une *toux* opiniâtre.

TRAIT. *Nom.* Un *trait* héroïque.

TRÈS. *Adv.* Un homme *très*-savant.

TRAVAIL. *Nom.* Le *travail* est nécessaire.

TRAVAILLE. *Verbe.* Cet ouvrier *travaille* bien.

VAIN. *Adj.* Un homme fier et *vain.*

VIN. *Nom.* Boire du *vin.*

VINGT. *Nom de nombre. Vingt* francs.

VINT. *Verbe.* Il *vint* me trouver.

VER. *Nom.* Un *ver* de terre.

VERRE. *Nom.* Un *verre* à boire.

VERS. *Nom.* Ce poëte fait de bons *vers.* — *Prép.* Marcher *vers* la ville.

VERT. *Adj.* Un habit *vert.*

VEUX. *Verbe.* Je ne *veux* pas y aller.

VŒU. *Nom.* Adresser un *vœu* au ciel.

VILLE. *Nom.* Une *ville* très-peuplée.

VILE. *Adj.* Une personne *vile* et rampante.

VOIE. *Nom.* Une *voie* de bois.

VOIS. *Verbe.* Je vous *vois.*

VOIX. *Nom.* Avoir une belle *voix.*

VU. *Participe.* Je vous ai *vu.*

VUE. *Nom.* Avoir la *vue* basse.

L.-É. HERHAN, IMP. rue des Boucheries, n°. 38.

IMPRIMERIE STÉRÉOTYPE DE HERHAN,
rue du Petit-Bourbon-Saint-Sulpice, n° 18.

www.ingramcontent.com/pod-product-compliance
Ingram Content Group UK Ltd.
Pitfield, Milton Keynes, MK11 3LW, UK
UKHW020906120726
13693UKWH00003B/918